GÖTTINGER ORIENTFORSCHUNGEN

IV. REIHE: ÄGYPTEN 32

Herausgegeben von Friedrich Junge und Wolfhart Westendorf

1996

Harrassowitz Verlag · Wiesbaden

Jochem Kahl

Steh auf, gib Horus deine Hand

Die Überlieferungsgeschichte von Altenmüllers Pyramidentext – Spruchfolge D

1996

Harrassowitz Verlag · Wiesbaden

Die Deutsche Bibliothek – CIP-Einheitsaufnahme

Kahl, Jochem:
Steh auf, gib Horus deine Hand : die Überlieferungsgeschichte
von Altenmüllers Pyramidentext – Spruchfolge D /
Jochem Kahl. – Wiesbaden : Harrassowitz 1996
(Göttinger Orientforschungen : Reihe 4, Ägypten ; Bd. 32)
ISBN 3-447-03795-4
NE: Göttinger Orientforschungen / 04

Gedruckt auf alterungsbeständigem Papier.
Druck und Verarbeitung: WS Druckerei Werner Schaubruch GmbH, Bodenheim
Printed in Germany

ISSN 0340-6342

ISBN 3-447-03795-4

Für Barbara

Inhalt

Vorwort

Die vorliegende Arbeit resultiert aus Untersuchungen, mit denen ich 1990 in Tübingen im Rahmen des Forschungsprojektes »Kommentar und Übersetzung zu den altägyptischen Sargtexten« begonnen hatte und die ich auch nach meinem beruflich bedingten Weggang aus Tübingen (1992) noch fortgesetzt hatte.

Zur Entstehung dieser Arbeit haben denn auch im Verlauf von sechs Jahren mehrere Personen wertvolle Beiträge geleistet: Wolfgang Schenkel, der mich in seinem Forschungsprojekt mit der Erstellung von Stemmata zu Pyramidentextsprüchen betraute, mir dabei großes Vertrauen entgegenbrachte und alle Freiheiten ließ; Peter Jürgens, der mich an seinen Erfahrungen mit der Text- und Überlieferungsgeschichte von Sargtexten teilhaben ließ und dadurch zur Lösung so mancher kniffliger Fragen beitrug; Louise Gestermann, die mir Einsicht in die Ergebnisse ihrer Untersuchungen zur Überlieferungsgeschichte der Sargtextbezeugungen des Neuen Reiches und der Spätzeit gewährte; James P. Allen, der dem Forschungsprojekt »Kommentar und Übersetzung zu den altägyptischen Sargtexten« uneigennützig seine Sammlung von Pyramidentextbezeugungen zur Verfügung stellte und dadurch entscheidenden Anteil am Gelingen der vorliegenden Studie hat; Martin von Falck und Gerd Mink, mit denen ich anregende Diskussionen über Text- und Überlieferungsgeschichte führen konnte; Roland Koch, der immer ein offenes Ohr für meine Ideen hatte, und ganz besonders Edith Kahl und Ursula Zimmermann, die mir so manchen Tag die Hoffnung gaben, diese Arbeit doch noch irgendwann zu Papier zu bringen. Ihnen allen bin ich zu Dank verpflichtet.

Des weiteren danke ich Friederike Lichtwark und rk design & technik für ihre Hilfe bei der Erstellung der Druckvorlage sowie Friedrich Junge für die Aufnahme der Arbeit in die Reihe der Göttinger Orientforschungen.

Münster, Juli 1996 — Jochem Kahl

1. Zielsetzung

Im Rahmen des von Wolfgang Schenkel geleiteten und von der Deutschen Forschungsgemeinschaft unterstützten Forschungsprojektes »Kommentar und Übersetzung zu den altägyptischen Sargtexten« wurde unter anderem auch die Überlieferungsgeschichte einiger Spruchfolgen der Pyramidentexte untersucht, um – insbesondere für die Zeit des Mittleren Reiches – Aufschlüsse über die text- und überlieferungsgeschichtlichen Verbindungslinien zwischen den Sargtexten und den Pyramidentexten zu erhalten. Daß darüber hinaus die Überlieferungsgeschichte der Pyramidentexte als solche schon untersuchenswert ist, versteht sich von selbst; denn diese Texte bilden nicht nur das älteste bekannte religiöse Textkorpus Altägyptens, sondern haben auch mit ca. 2500 Jahren die längste nachweisbare Überlieferungszeit (vom Alten Reich bis in römische Zeit).[1] Dennoch blieben bislang detaillierte überlieferungsgeschichtliche Studien zu den Pyramidentexten aus – mit Ausnahme der unveröffentlichten Magisterarbeit von Bernd Sledzianowski zu PT 226–243.[2]

Die vorliegende Studie liefert in überarbeiteter und erweiterter Fassung ein Teilergebnis der innerhalb des Tübinger Forschungsprojektes durchgeführten Untersuchungen zu den Pyramidentexten: Die Überlieferungsgeschichte von Altenmüllers Spruchfolge D.[3] In den nächsten Jahren ist die Publikation weiterer Arbeiten zur Überlieferungsgeschichte von Pyramiden- und Sargtexten durch Gestermann[4] und Kahl[5] zu erwarten.

1 Vgl. Allen, *Occurrences,* 42–43.
2 Sledzianowski, *Untersuchungen zu den Pyramidentexten.*
3 Altenmüller, *Begräbnisritual,* 49–50.
4 Insbesondere zur Überlieferung von Sargtexten im Neuen Reich und in der Spätzeit.
5 Die Überlieferungsgeschichten der Pyramidentext-Spruchfolgen A und C.

2. Die Methode

Allgemein anerkannte Methode zur Erforschung der Überlieferungsgeschichte von mehrfach bezeugten Texten ist die textkritische Methode, die aus den Arbeitsschritten Recensio, Examinatio und Emendatio besteht[1] und seit ca. 20 Jahren auch mit Erfolg bei altägyptischen religiösen Texten angewandt wird.[2] Für eine überlieferungsgeschichtliche Untersuchung maßgebend ist der Recensio genannte Teil der textkritischen Methode.[3] In ihm wird durch einen Vergleich der verschiedenen tradierten Lesarten das Verhältnis der einzelnen Textzeugen zueinander festgestellt und in einem Baumgraphen, einem Stemma, dargestellt. Wie in einer Familiengeschichte mit Eltern-Kinder-Geschwister-Relationen (Genealogie) gibt das Stemma Auskunft über die Geschichte einer handschriftlichen Überlieferung und über die genauen Verwandtschaftsbeziehungen seiner Elemente, d. h. der Textzeugen.[4] An Hand des Stemmas können Antworten sowohl auf die Frage nach dem ursprünglich überlieferten Text als auch nach den Wegen und Etappen der Überlieferung gegeben werden. Das Verfahren der Recensio ist besonders geeignet für klassische Texte, die keinen größeren redaktionellen Eingriffen unterlagen (z. B. für religiöse Texte), weniger geeignet scheint das Verfahren für Texte, die bei jeder Abschrift neu gestaltet werden konnten (z. B. für volkssprachliche Texte mit lehrhaftem Charakter).[5]

Grundbedingung für die Stemmakonstruktion ist das Feststellen von Textabweichungen, sog. Deviationen.[6] Dabei sind zwei Arten von Deviationen zu unterscheiden:

1. Digressionen, das sind Textabweichungen, die mit Sicherheit als sekundär eingestuft werden können (z. B. Fehler im eigentlichen Sinne und sprachliche Modernisierungen).
2. Differenzen, das sind Textabweichungen, bei denen nicht bestimmt werden kann, ob sie sekundär sind, oder ob sie den ursprünglichen Text wiedergeben, d. h. die Richtung der Textveränderung ist nicht bekannt.

1 Vgl. Maas, *Textkritik*; West, *Textual Criticism*; Schenkel, *Stemma der Sonnenlitanei*; Jürgens, *Grundlinien einer Überlieferungsgeschichte*, 9–26.

2 Sledzianowski, *Untersuchungen zu den Pyramidentexten*; Schenkel, *Stemma der Sonnenlitanei*; Rößler-Köhler, *Kapitel 17 des Totenbuches*; Zeidler, *Textkritik und Textgeschichte des Pfortenbuches*; ders., *Pfortenbuchstudien*; Jürgens, *Untersuchungen zu den Sargtexten*; ders., *Möglichkeiten der Stemmakonstruktion*; ders., *Grundlinien einer Überlieferungsgeschichte*; Gestermann, *Spätzeitliche Bezeugungen*; dies., *»Neue« Texte*; Kahl, *Textkritische Bemerkungen*; ders., *Überlieferungsgeschichtliches Verhältnis*.

3 Schenkel, *Stemma der Sonnenlitanei*, 15–16; Jürgens, *Grundlinien einer Überlieferungsgeschichte*, 9–25.

4 Vgl. Mink, *Umfassende Genealogie*, 481.

5 Vgl. Quack, *Lehren des Ani*, 13–23.

6 Zu den Begriffen »Deviation«, »Digression« und »Differenz« vgl. Jürgens, *Möglichkeiten der Stemmakonstruktion*, 51 (Anm. 7); ders., *Grundlinien einer Überlieferungsgeschichte*, 10–13.

Sind Deviationen derart, daß anzunehmen ist, daß sie nicht mehrmals unabhängig voneinander entstanden sind, können sie zur Stemmakonstruktion verwendet werden. Für die oberste Verzweigung des Stemmas können nur Digressionen verwendet werden, für alle weiteren Verzweigungen sowohl Digressionen als auch Differenzen.[7]

Anmerkung: Vergleich der textkritischen Methode mit dem Verfahren der Gruppierung von Textzeugen nach Spruchfolgen zur Untersuchung der Überlieferungsgeschichte:

Nur die Feststellung von Digressionen erlaubt, die Richtung der Textveränderung und damit den Weg der Textüberlieferung zu bestimmen. Dadurch unterscheidet sich die textkritische Methode von den oftmals praktizierten Versuchen, Textzeugen allein durch die Zusammensetzung der von ihnen tradierten Spruchgruppen überlieferungsgeschichtlich einzuordnen.[8] Bei letzterem Verfahren können zwar Textzeugen mit gleicher Spruchfolge gruppiert werden, jedoch gibt es kein sicheres Mittel, um festzustellen, welche Spruchfolge ursprünglich und welche sekundär ist, bzw. ob der Textzeuge überhaupt alle in seiner Vorlage enthaltenen Sprüche überliefert hat.[9] Die unterschiedlichen Spruchfolgen sind lediglich als Differenzen einzustufen, erlauben aber keine Aussage über die Richtung der Textveränderung bzw. den Anfang des Überlieferungsweges. Sie stellen nur eines von vielen Kriterien dar, nach denen Texte mit Hilfe der Recensio gruppiert werden können.

7 Vgl. Schenkel, *Stemma der Sonnenlitanei*, 34–39.

8 Z. B. Altenmüller, *Begräbnisritual*, 40–57; Thompson, *Origin of the Pyramid Texts*; Lapp, *Bedeutung von Spruchfolgen*; ders., *Papyrusvorlagen*; ders., *Spruchkompositionen*.

9 Z. B. können Platzmangel auf dem erhaltenen Textzeugen, individuelle Einflußnahme auf das Textprogramm oder eine Beschädigung der Papyrusvorlage dies verhindert haben.

3. Die Auswahl der Texte und der Textzeugen

Das Forschungsziel (überlieferungsgeschichtliche Verbindungslinien zu den Sargtexten) und die Auswahl der Untersuchungsmethode (textkritische Methode) bedingten die Auswahl der untersuchten Texte, welche die folgenden Kriterien erfüllen mußten:

a. ausreichende Länge
b. mehrfache überregionale Bezeugung auf Särgen des Mittleren Reiches

Zu a.: Derzeit dürfte es kein besseres Verfahren als die textkritische Methode geben, text- und überlieferungsgeschichtliche Zusammenhänge transparent zu machen. Die textkritische Methode gewinnt im allgemeinen aber mit der Länge des untersuchten Textes an Zuverlässigkeit. Als Beispiel sei auf die neutestamentliche Textforschung verwiesen, in der diese Methode auf Einzelschriften im Umfang von ca. 330 Wörtern (Philemonbrief) bis ca. 19400 Wörtern (Lukasevangelium) und auf Textkorpora im Umfang von ca. 7600 Wörtern (Katholische Briefe) bis ca. 32300 Wörtern (Paulusbriefe) angewandt wird.[1] Dies verdeutlicht, daß ein einzelner Pyramidentextspruch kaum für eine angemessene und zuverlässige textkritische Untersuchung tauglich ist. Deshalb müssen sog. Spruchfolgen untersucht werden, d. h. Texte, die mehrere Einzelsprüche in relativ fester Abfolge umfassen: Die längsten dieser Spruchfolgen sind die von Altenmüller festgestellten und als A, B, C, D, E bzw. F bezeichneten.[2] Diese Spruchfolgen sind vom Alten Reich bis in die Spätzeit von manchen Textzeugen in vollem Umfang tradiert, andere Textzeugen wiederum überliefern nur Auszüge dieser Spruchfolgen, deren Umfang von mehreren Sprüchen bis hin zu einem einzelnen Paragraphen (nach der Einteilung von Kurt Sethe) schwankt.

Zu b.: Altenmüllers Spruchfolgen E und F sind auf Särgen des Mittleren Reiches nur in al-Birša belegt,[3] so daß sie mangels überregionaler Bezeugung wohl nur wenig zu den text- und überlieferungsgeschichtlichen Verbindungen mit den Sargtexten beitragen können. Altenmüllers Spruchfolge B enthält mehrere Sargtextsprüche,[4] weshalb ihre Untersuchung zurückgestellt wurde. Die Spruchfolgen A,[5] C[6] und D[7] hingegen enthalten ausschließlich Pyramidentextsprüche und sind im Mittleren Reich überregional belegt. Sie eignen sich daher für eine überlieferungsgeschichtliche Untersuchung mit der vorgegebenen Zielsetzung des Vergleichs mit der Sargtextüberlieferung.

1 Mdl. Mitteilung von Gerd Mink.
2 Altenmüller, *Begräbnisritual*, 46–51.
3 Altenmüller, *Begräbnisritual*, 50–51.
4 Altenmüller, *Begräbnisritual*, 47.
5 Altenmüller, *Begräbnisritual*, 46–47.
6 Altenmüller, *Begräbnisritual*, 47–49.
7 Altenmüller, *Begräbnisritual*, 49–50.

Die Spruchfolgen A, C und D bildeten somit den die Pyramidentexte betreffenden Untersuchungsgegenstand im Rahmen des Tübinger Forschungsprojektes »Kommentar und Übersetzung zu den altägyptischen Sargtexten«, von dessen Ergebnissen bezüglich der Spruchfolge D hier berichtet wird.[8]

Neben den Textzeugen des Alten und Mittleren Reiches wurden auch solche des Neuen Reiches und der Spätzeit in die Untersuchung der Spruchfolge D miteinbezogen. Allerdings wurde bei ihrer Aufnahme keine Vollständigkeit angestrebt, so daß sie in den Stemmata eventuell nur einen Ausschnitt der späteren Überlieferung darstellen. Dennoch vermögen sie die Überlieferungswege vom Alten und Mittleren Reich zum Neuen Reich und zur Spätzeit aufzuzeigen.

Im folgenden sind in alphabetischer Reihenfolge der Siglen die Textzeugen aufgelistet, die in der vorliegenden Untersuchung der Spruchfolge D berücksichtigt wurden (vgl. auch 6.). Zwar sind u. a. auch Publikationen der Textzeugen aufgeführt, jedoch sind diese oftmals unvollständig; viele Texte blieben bisher unpubliziert:[9]

Ab 1 Le	*Ḥr.i-šꜣ=f ḥtp*; Sarg; Leipzig Univ. 4; Porter – Moss, *Topographical Bibliography*, III², 346; Schäfer, *Priestergräber*, 46–55, Abb. 61–77, Taf. 2–6. Fundort: Abusir, Grab mR 6 beim Aufweg zum Totentempel des Niuserre. Dat.: 11./12. Dyn.
Aba	König *Ḳ3-k3.w-Rʿw ʾIbi*; Pyramide; Jéquier, *Pyramide d'Aba*, Taf. 11, 16 (T). Lage: Saqqara Dat.: 8. Dyn.
Ap	Königin *ʾIpw.t*; Pyramide; Jéquier, *Pyramides des reines*, Taf. 38 (8), 39 (24). Lage: Saqqara Dat.: 6. Dyn.
B 6 C	*Čḥw.ti-nḫt* (fem.); Sarg; Kairo, CG 28094; Porter – Moss, *Topographical Bibliography*, IV, 184; Lacau, *Sarcophages*, II, 65–71, Taf. 29; der Sarg war ursprünglich für *ʿḥ3-nḫt* bestimmt (Willems, *Nomarchs of the Hare Nome*, 93–94; Kamal, *Deir-el-Barsheh*, 35), dann für *K3y*. Fundort: al-Birša, nahe Grabschacht 21 Dat.: Amenemhet I. (12. Dyn.); ursprünglich bereits 11. Dyn.[10]

8 Die Überlieferungsgeschichten der Spruchfolgen A und C werden separat behandelt (Spruchfolge A im Rahmen meiner Forschungen zur Textüberlieferung im Raum von Asyut).

9 An dieser Stelle sei nochmals James P. Allen dafür gedankt, daß er dem Tübinger Forschungsprojekt seine Sammlung der Pyramidentextbezeugungen aus der Zeit nach dem Alten Reich zur Verfügung stellte.

10 Vgl. Willems, *Chests of Life*, 71–72 (Anm. 59).

B 9 C	*ʾImn.w-m-ḥ3.t*; Sarg; Kairo, CG 28091; Porter – Moss, *Topographical Bibliography*, IV, 184; Lacau, *Sarcophages*, II, 37–51. Fundort: al-Birša, Grabschacht 21 Dat.: Sesostris I. – Amenemhet II. (12. Dyn.)[11]
B 10 C	*ʾImn.w-m-ḥ3.t*; Sarg; Kairo, CG 28092; Porter – Moss, *Topographical Bibliography*, IV, 184; Lacau, *Sarcophages*, II, 51–64. Fundort: al-Birša, Grabschacht 21 Dat.: Sesostris I. – Amenemhet II. (12. Dyn.)[12]
B 16 C	*Nfr.i*; Sarg; Kairo, CG 28088; Porter – Moss, *Topographical Bibliography*, IV, 184; Lacau, *Sarcophages*, II, 10–20; Allen, *Funerary Texts*, 1–29. Fundort: al-Birša, Grabschacht 13 Dat.: Sesostris II. – Sesostris III.[13] (12. Dyn.)
B 17 C	*Nfr.i*; Sarg; Kairo, CG 28087; Porter – Moss, *Topographical Bibliography*, IV, 184; Lacau, *Sarcophages*, II, 1–9. Fundort: al-Birša, Grabschacht 13 Dat.: Sesostris II. – Sesostris III.[14] (12. Dyn.)
Besenmut	s. T 6 L.
BM 30	*N.i-św-is.t*; Sarkophag; Porter – Moss, *Topographical Bibliography*, III^2, 290; Sharpe, *Inscriptions*, 74–76; Zivie-Coche, *Giza*, 286–287. Fundort: Giza, LG 84 (Campbell's Tomb) Dat.: 26./30. Dyn.
C 405	*S3-Śbk*; Sitzstatue; Kairo, CG 405; Porter – Moss, *Topographical Bibliography*, IV, 112; Borchardt, *Statuen und Statuetten*, Teil 2, 17–18, Bl. 66; Petrie, *Illahun, Kahun and Gurob*, 13, Taf. 12.14. Fundort: Illahun (in einem Haus) Dat.: Ende 12. Dyn. oder später[15]
C 34047	s. TT 39.
C 41032	s. Lahun A.
CJ 50246	*W3ḥ-ib-Rʿw čs.ti*; Grabkammer; Kairo, JE 50246; Porter – Moss, *Topographical Bibliography*, IV, 62; Gauthier, *Tombe d'époque saite*, 8. Fundort: Heliopolis Datierung: 26. Dyn.

11 Vgl. Willems, *Chests of Life*, 75.
12 Vgl. Willems, *Chests of Life*, 75.
13 Vgl. Willems, *Chests of Life*, 77.
14 Vgl. Willems, *Chests of Life*, 77.
15 Franke, *Personendaten*, 330.

Ibi	*ʾIbỉ*; Sarg; Graefe, *Grab des Ibi*, Abb. 34 (αB (2–16)), 50 (δB (2–5)). Fundort: TT 36 (Theben-West; Asasif) Dat.: Psametik I. (26. Dyn.)
L 1 Li	*Ś:śnb-n=f*; Sarg; Porter – Moss, *Topographical Bibliography*, IV, 84; Gautier – Jéquier, *Fouilles de Licht*, 77, Abb. 95–96, Taf. 16–26. Fundort: al-Lišt, Grab des *Ś:śnb-n=f* bei Pyramide Sesostris I. Dat.: späte 12. Dyn.[16]
Lahun A (= C 41032)	*ʾImn.w-ỉr-ṯḭ-św*; Sarg; Kairo, CG 41032; Petrie, *Kahun*, Taf. 26; Moret, *Sarcophages*, 283. Fundort: Illahun Dat.: 25. Dyn.
M	König *Mrḭ.n-Rʿw*; Pyramide; Sethe, *Pyramidentexte*. Lage: Saqqara Dat.: 6. Dyn.
Mut	*Mʾw.t-ỉr-ṯḭ-śt*; Grab; Assmann, *Mutirdis*, 84–86, 94–97. Lage: TT 410 (Theben-West; Asasif) Dat.: Psametik I. (26. Dyn.)
N	König *Nfr-k3-Rʿw Ppy*; Pyramide; Sethe, *Pyramidentexte*; Jéquier, *Monument funéraire de Pepi II*, I, Taf. 13, 15 (fr. 13). Lage: Saqqara Dat.: 6. Dyn.
Nt	Königin *Nỉ.t*; Pyramide; Jéquier, *Pyramides des reines*, Taf. 15–16. Lage: Saqqara Dat.: 6. Dyn.
Oudj	Königin *Wč̣b.t-n=ỉ*; Pyramide; Jéquier, *Pyramide d'Aba*, Taf. 28. Lage: Saqqara Dat.: 6. Dyn.
P	König *Mrḭ.y-Rʿw Ppy*; Pyramide; Sethe, *Pyramidentexte*; vgl. Allen, *Inflection of the Verb*, 666. Lage: Saqqara Dat.: 6. Dyn.
Ps.	s. Sq 12 Sq.
Psamtik	s. Sq 13 Sq.
Psamtiknebpehti	s. Sq 14 Sq.

16 Vgl. Willems, *Chests of Life*, 105; vgl. aber auch die Hinweise bei Buchberger, *Transformation und Transformat*, 18 (Anm. 83), die eine spätere Datierung nicht ausschließen.

pSchmitt Papyrushandschrift einer Tempelbibliothek; pBerlin 3057; Möller, *Späthieratischer Papyrus*; Möller, *Lesestücke*, III, 29; vgl. Kaplony-Heckel, *Ägyptische Handschriften*, Teil 3, 31.
Fundort: unbekannt
Dat.: 4. Jh. v. u. Z. (pSchmitt wird als Abschrift einer Handschrift der 18. Dyn. bezeichnet; vgl. Möller, *Späthieratischer Papyrus*, 2–3).

S *Si̯-ni̯-Wśr.t-ʿnḫ*; Mastaba; Porter – Moss, *Topographical Bibliography*, IV, 85; Hayes, *Se'n-Wosret-ʿAnkh.*
Lage: al-Lišt, östlich der äußeren Umfassungsmauer der Pyramide Sesostris I.
Dat.: Sesostris I. (12. Dyn.)

S 10 C *ʿnḫ=f (ʾIr.ỉ)*; Sarg; Kairo, JE 44980; Porter – Moss, *Topographical Bibliography*, IV, 268; Kamal, *Deir Dronka et Assiout*, 105–108 (134).
Fundort: Asyut
Dat.: 12. Dyn.

S 14 C *Ḫn.t-n=ỉ* (fem.); Sarg; Kairo, JE 44981; Porter – Moss, *Topographical Bibliography*, IV, 268; Kamal, *Deir Dronka et Assiout*, 110 (142).
Fundort: Asyut
Dat.: 12. Dyn.

Sq 3 Be *Ḫwi̯.t-ḫnt.ỉ-ẖ.t=ỉ* (fem.); Sarg; Berlin 10185 und 10616; Porter – Moss, *Topographical Bibliography*, III², 517; Lepsius, *Denkmaeler*, II, Bl. 99a; Lepsius, *Denkmäler, Text*, I, 147–148.
Fundort: Saqqara, Tomb with Several Burial Chambers (bei Teti-Pyramide)
Dat.: Mittleres Reich

Sq 3 C *Nfr-śmṯn.t* (?) (fem.); Sarg; Kairo, JE 39114; Porter – Moss, *Topographical Bibliography*, III², 560; Quibell, *Excavations at Saqqara 1906–1907*, 7–15, Taf. 20–25.
Fundort: Saqqara, Early Middle Kingdom Tomb (gemeinsam mit *K3-rnn=ỉ* (Sq 5 C, Sq 6 C); bei Teti-Pyramide).
Dat.: 11./12. Dyn.

Sq 4 C *Ḫnw*; Sarg; Kairo, JE 39052; Porter – Moss, *Topographical Bibliography*, III², 561; Quibell, *Excavations at Saqqara 1906–1907*, 57–61 (vgl. 15–17), Taf. 28.
Fundort: Saqqara, Schacht 289 (bei Teti-Pyramide).
Dat.: 11./12. Dyn.

Sq 9 C *ʾInp.w-m-ḥ3.t*; Sarg; Kairo 8/1/30/1; Quibell – Hayter, *Teti Pyramid*, 11–15.
Fundort: Saqqara, Grab S 2757 (nördlich der Teti-Pyramide).
Dat.: 11./12. Dyn.

Sq 10 C	*ꜣInp.w-m-ḥꜣ.t*; Sarg; Kairo 18/1/27/3; Porter – Moss, *Topographical Bibliography*, III², 550; Quibell – Hayter, *Teti Pyramid*, 11–15, Taf. 21. Fundort: Saqqara, Grab S 2757 (nördlich der Teti-Pyramide). Dat.: 11./12. Dyn.
Sq 13 C	*Ḥr.ỉ-šꜣ=f ḥtp*; Sarg; Kairo 8/1/30/2; Porter – Moss, *Topographical Bibliography*, III², 347; Schäfer, *Priestergräber*, 82–87, Abb. 137–139, Taf. 9–11[A]. Fundort: Abusir, Grab mR 8 beim Aufweg zum Totentempel des Niuserre. Dat.: 11./12. Dyn.
Sq 1 Cop (= Sq 2 X)	*Gmꜣ.n=ỉ-m-ḥꜣ.t*; Sarg; Kopenhagen, NGC AEIN 1615; Porter – Moss, *Topographical Bibliography*, III², 538; Firth – Gunn, *Teti Pyramid Cemeteries*, 230–231, Taf. 24–26. Fundort: Saqqara, HMK 30 (nördlich der Teti-Pyramide) Dat.: 11./12. Dyn.
Sq 4 Sq	*ꜣIpỉ-ḥr-ś:śnb=f*; Sarg; Porter – Moss, *Topographical Bibliography*, III², 538; Firth – Gunn, *Teti Pyramid Cemeteries*, 239–245, Taf. 32.C. Fundort: Saqqara, HMK 69 (nördlich der Teti-Pyramide) Dat.: 11./12. Dyn.
Sq 12 Sq (= Ps.)	*Pśmčk*; Grabkammer; Porter – Moss, *Topographical Bibliography*, III², 649; Maspero, *Chambre de Psammétique*, 178. Lage: Saqqara, südlich der Unaspyramide Dat.: ca. Amasis (26. Dyn.)
Sq 13 Sq (= Psamtik)	*Pśmčk*; Grabkammer; Porter – Moss, *Topographical Bibliography*, III², 670; Daressy, *Tombeau de Psametik*, 22–24. Lage: Saqqara, Grab der Psametiks und Khedebneit-Yerboni II. Dat.: ca. Amasis (26. Dyn.)
Sq 14 Sq (= Psamtik-nebpehti)	*Pśmčk-nb-pḥ.tỉ*; Grabkammer; Porter – Moss, *Topographical Bibliography*, III², 566; Lepsius, *Denkmaeler*, III, Bl. 279 b. Lage: Saqqara, Lepsius, Grab 19 (südwestlich der Teti-Pyramide) Dat.: 26. Dyn.
Sq 2 X	s. Sq 1 Cop.
T	König *Ttỉ*; Pyramide; Sethe, *Pyramidentexte*. Lage: Saqqara Dat.: 6. Dyn.
T 6 L (= Besenmut)	*Bś-n-mꜣw.t*; Sarg; London, BM 22940; Legrain, *Textes recueillis*, 11–12. Fundort: Theben, Deir el-Baḥri Dat.: 25. Dyn. (?)
Tm	s. TT 353.

TT 11	*Č̣ḥwtỉ*; Grab; Porter – Moss, *Topographical Bibliography*, I.1, 21–24; Sethe, *Aenigmatische Inschriften*, 5*, Taf. 11 (3–6). Lage: TT 11, Theben-West (Draʿ Abû el-Nagaʿ) Dat.: Hatschepsut – Thutmosis III. (18. Dyn.)
TT 39 (= C 34047)	*ʾIpw-m-Rʿw*; Stele; Kairo, CG 34047; Porter – Moss, *Topographical Bibliography*, I.1, 71–75; Davies, *Puyemrê*, II, Taf. 48, 51; Lacau, *Stèles du Nouvel Empire*, I, 80–82, Taf. 28. Fundort: TT 39, Theben-West (Khôkha) Dat.: Thutmosis III. (18. Dyn.)
TT 82	*ʾImn.w-m-ḥ3.t*; Grab; Porter – Moss, *Topographical Bibliography*, I.1, 163–167; Davies – Gardiner, *Tomb of Amenemhet*, Taf. 37–38. Lage: TT 82, Theben-West (Sheikh ʿAbd el-Qurna) Dat.: Thutmosis III. (18. Dyn.)
TT 100	*Rḫ-mỉ-Rʿw*; Grab; Porter – Moss, *Topographical Bibliography*, I.1, 206–214; Davies, *Tomb of Rekh-mi-reʿ*, II, Taf. 81. Lage: TT 100, Theben-West (Sheikh ʿAbd el-Qurna) Dat.: Thutmosis III. – Amenhotep II. (18. Dyn.)
TT 353 (= Tm)	*Śn-n-mʾw.t*; Grab; Porter – Moss, *Topographical Bibliography*, I.1, 417–418; Dorman, *Tombs of Senenmut*, Taf. 65. Lage: TT 353, Theben-West (Deir el-Baḥri) Dat.: Hatschepsut (18. Dyn.)

4. Hypothetische Vorlagen

Da bei den Textzeugen, die Pyramidentexte der Spruchfolge D überliefern (zumeist Särge und Grabwände, einmal eine Statue und nur in der Spätzeit auch ein Papyrus (pSchmitt)), davon auszugehen ist, daß sie wegen ihrer schlechten bzw. unmöglichen Transportabilität bzw. Zugänglichkeit nicht Vorlage für weitere Textzeugen mit Pyramidentexten waren, erfolgt ihre stemmatische Einordnung mit Hilfe von hypothetisch angesetzten Vorlagen, die sicherlich auf leicht handhabbaren, gleichermaßen lagerungs- wie transportfähigen Papyri oder Lederrollen aufgezeichnet waren.[1]

Diese hypothetischen Vorlagen – mit griechischen Kleinbuchstaben bezeichnet – geben einen Textzustand wieder, der die Textveränderungen beinhaltet, die allen von ihnen abhängigen Textzeugen gemein sind.[2] Dieser Textzustand

- wird zwar in einer einzigen hypothetisch angesetzten Vorlage dargestellt, dürfte genetisch aber auf eine unbestimmte, zumeist sicherlich relativ große Anzahl nicht mehr erhaltener Vorlagen zurückgehen, in welche die Textveränderungen sukzessive Eingang gefunden haben.[3]
- kann nicht jünger, jedoch erheblich älter sein als die von der hypothetischen Vorlage abhängigen Textzeugen, die diesen Textzustand in fortgeschrittener Form wiedergeben (z. B. gibt B 16 C eine korrupte und falsch angeordnete Abschrift von PT 364 wieder, die auf eine für König *W3ḥ-k3-Rʿw Ḫty* (9./10. Dyn.) gefertigte Vorlage zurückgeht, was aus dem teilweise stehengelassenen Königsnamen zu ersehen ist. D. h. B 16 C kopierte eine Vorlage, die zeitlich zwischen *W3ḥ-k3-Rʿw Ḫty* und die 12. Dyn. (Datierung von B 16 C) zu datieren ist).

1 Vgl. Schenkel, *Stemma der Sonnenlitanei*, 18–19. Darauf weisen auch Schreibfehler hin, die aus der Umsetzung der in der Vorlage geschriebenen hieratischen Schriftzeichen bzw. Kursivhieroglyphen in die Hieroglyphenschrift resultieren (z. B. Hayes, *Se'n-Wosret-ʿAnkh*, 23–24; Allen, *Funerary Texts*, 25–27). Im pSchmitt wird angegeben, daß er eine Abschrift von einer Lederrolle sei (Möller, *Spähieratischer Papyrus*, 3). Vgl. auch 7. (Vorlage λ).

2 Oftmals sind allerdings nicht mehr alle Textzeugen an der betreffenden Stelle erhalten, wodurch die Stemmakonstruktion schwieriger wird.

3 Vgl. Schenkel, *Stemma der Sonnenlitanei*, 28.

5. Die einzelnen Sprüche

Die Spruchfolge D, die Altenmüller 1972 in seiner Untersuchung von Pyramidentextspruchfolgen so bezeichnete,[1] besteht aus folgenden Sprüchen:

PT 593 (§ 1627–1637)
PT 356 (§ 575– 582)
PT 357 (§ 583– 592)
PT 364 (§ 609– 621)
PT 677 (§ 2018–2028)
PT 365 (§ 622– 625)
PT 373 (§ 654– 657)
PT 721 B (= CT 516)

Abb. 1: Die Spruchfolge D.

In direkter Aufeinanderfolge sind diese Sprüche von den MR-Textzeugen Sq 4 C, B 9 C, B 10 C, S (mit geringfügigen Änderungen/Erweiterungen) und dem Textzeugen der 26. Dyn. Sq 13 Sq (mit Ausnahme von PT 721 B) überliefert. Die AR-Textzeugen tradieren diese Sprüche noch nicht als feste Sequenz (vgl. im einzelnen unter 6.).

Inhaltlich handelt es sich um Verklärungen[2] (vgl. den Spruchtitel vor § 1627 a in Sq 13 Sq[3] und eventuell auch in TT 11[4]), deren Themen das Wiedererwachen des Verstorbenen, sein Himmelsaufstieg, sein Eintritt in die Gemeinschaft mit dem Sonnengott und seine Unterstützung durch verschiedene Götter (hauptsächlich Horus und Geb, insbesondere gegen Seth) bilden.

1 Altenmüller, *Begräbnisritual*, 49–50.
2 Vgl. Assmann, *Mortuary Liturgies*, 12, 36; ders., *Verklärung*, 998–1006.
3 *ś:3ḫ Wśỉr NN pn*.
4 Der kryptographisch geschriebene Text ist vermutlich *č3s ś:3ḫ Wśỉr* zu lesen.

6. Die berücksichtigten Textzeugen

Für die überlieferungsgeschichtliche Untersuchung der Spruchfolge D wurden nur solche Textzeugen berücksichtigt, die mehr als einen Paragraphen (nach Sethe) Text überliefern (vgl. auch unter 3.).[1] Wenngleich auch dies noch ein viel zu kurzer Textumfang zu sein scheint, um sichere überlieferungsgeschichtliche Aussagen treffen zu können, kann – wie im Fall von B 17 C – dennoch eine signifikante Deviation bereits Hinweise auf eine stemmatische Einordnung des Textzeugen geben.

Gleichfalls unberücksichtigt blieben die Textzeugen, die PT 356 innerhalb der Spruchfolge C, zu der dieser Spruch auch gehören kann,[2] überliefern.[3]

Insgesamt wurden 51 Textzeugen erfaßt, welche die Spruchfolge D bzw. Epitome aus ihr (mit einer Länge von mehr als einem Sethe'schen Paragraphen) überliefern (11 aus dem Alten Reich, 21 aus dem Mittleren Reich, 6 aus dem Neuen Reich und 13 aus der Spätzeit). Davon konnten 25 Textzeugen in ein Stemma (Abb. 2) eingefügt werden (5 aus dem Alten Reich, 11 aus dem Mittleren Reich, 2 aus dem Neuen Reich und 7 aus der Spätzeit). Bei 21 weiteren Textzeugen konnte eine ungefähre textgeschichtliche Einordnung vorgenommen werden. Die Stellung der restlichen 5 Textzeugen mußte wegen fehlender Leitdeviationen – sei es infolge mangelnder Textlänge oder infolge zu großer Zerstörungen – ungeklärt bleiben.

1 Unberücksichtigt blieben somit z. B. Aby G 57a (§ 616 e–f), Aspelta und Anlamani (§ 616).

2 Vgl. Altenmüller, *Begräbnisritual*, 48.

3 P (Z. 118–121), Sq 3 C (Z. 184–194), Sq 4 C (Z. 150–156), T 1 C (Z. 150–159).

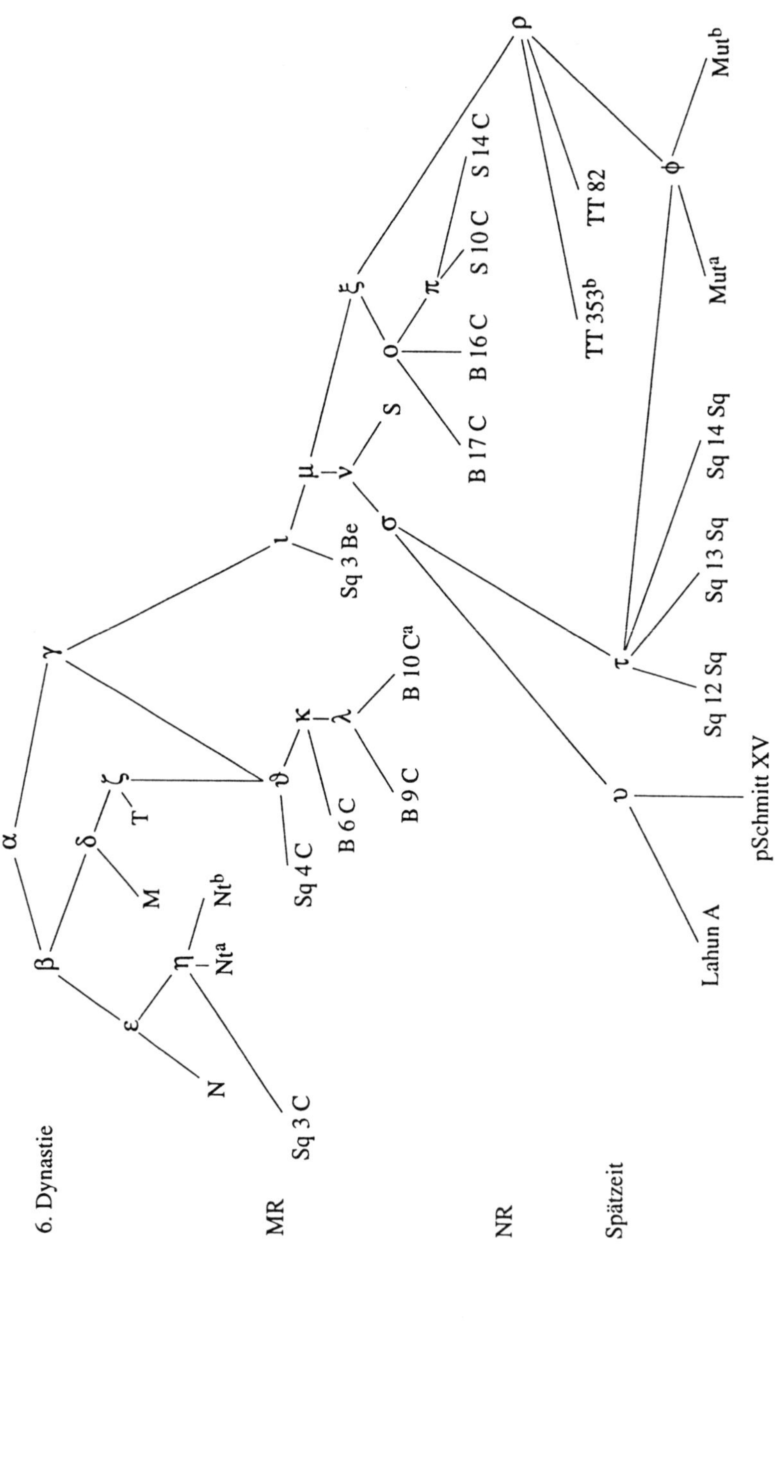

Abb. 2: Das Stemma zu Altenmüllers Pyramidentext – Spruchfolge D.

Zu Abb. 2: Die Einordnung weiterer Textzeugen:

unterhalb von β: P^{b}
unterhalb von γ, nicht unterhalb von o, nicht unterhalb von τ: Sq 13 C
unterhalb von γ: CJ 50246, TT 11
unterhalb von μ, nicht unterhalb von ν: TT 353^{a}
unterhalb von μ: Ab 1 Le^{b}, Sq 9 C, Sq 10 C[4], TT 39
unterhalb von ν:[5] BM 30, Ibi^{a}, Ibi^{b}, pSchmitt XVIII, T 6 L
in der Nähe von λ: B 10 C^{b}
nicht unterhalb von γ: Aba^{a}, Aba^{b}, Ap, Oudj, P^{a}
nicht unterhalb von ζ, nicht unterhalb von ν: TT 100
ungeklärt: Ab 1 Le^{a}, C 405, L 1 Li, Sq 1 Cop, Sq 4 Sq

4 Sq 9 C und Sq 10 C lesen in § 1628c *ḫw=f* anstatt *ḫw.n=śn*; da aus anderen Gründen bereits Sq 10 C unterhalb von γ (vgl. 7. Vorlage γ, Dev. 1) und Sq 9 C unterhalb von μ (vgl. 7. Vorlage μ, Dev. 3) eingeordnet werden konnten, ist anzunehmen, daß Sq 9 C und Sq 10 C von einer gemeinsamen Vorlage unterhalb von μ abhängen.

5 Aufgrund signifikanter Deviationen können Ibi^{b}, pSchmitt XVIII und T 6 L unterhalb von ν eingeordnet werden (vgl. 7. Vorlage ν). Verbindende Deviationen von Ibi^{b} und T 6 L mit Ibi^{a} (§ 655 c–d, 656 b) und von pSchmitt XVIII mit BM 30 (§ 654 a, 654 d, 655 b) ermöglichen auch die Einordnung von Ibi^{a} und BM 30 unterhalb von ν, wobei alle fünf Textzeugen eng zusammengehören dürften, wie eine gemeinsame Deviation von T 6 L und pSchmitt XVIII (§ 656 c) nahelegt.

Nachfolgend ist das jeweilige Textvolumen angegeben, das die Textzeugen überliefern:

Sigle	Anbringungsort	überlieferter Textumfang	PT – Spruch
Ab 1 Le[a]	Top 20–22	§ 1627–1628	593
Ab 1 Le[b]	Bottom 77–83	§ 1627–1629, § 1635–1637	593
	(Bottom [83]–86)	(unleserlich)	
	Bottom [86]–87	§ 1636	593
	(Bottom [87]–89)	(unleserlich)	
Aba[a][6]	573–579	§ 583–588	357
	586	§ 582	356
Aba[b][7]	frag. T	§ 577–580	356
	586–580	§ 583–587	357
Ap	fr. 24+8	§ 613–621	364
	fr. 8	§ 2018–2028	677
B 6 C	Back [112]–114	§ 2028	677
	Back [114]–119	§ 622–625	365
B 9 C	Top 291–297	§ 1627–1637	593
	Top [297]–299	§ 575–577c	356
	Top [299]–302	§ 589b–592	357
	Top [302]–312	§ 609–621	364
	Top [312]–319	§ 2018–2028	677
	Top [319]–322	§ 622–625	365
	Top [322]–325	§ 654–657	373
	Top [325]–329	CT 516	721 B

6 Die Annahme einer Vorlage Aba[a] für die beiden überlieferten Sprüche ist unsicher.
7 Die Annahme einer Vorlage Aba[b] für die beiden überlieferten Sprüche ist unsicher.

Sigle	Anbringungsort	überlieferter Textumfang	PT – Spruch
B 10 C[a]	Back [256]–260	§ 1627–1637	593
	Back [260]–261	§ 575–577c	356
	Back [261]–263	§ 589b–592	357
	Back [263]–269	§ 609–621	364
	Back [269]–274	§ 2018–2028	677
	Back [274]–276	§ 622–625	365
	Back [276]–279	§ 654–657	373
	Back [279]–281	CT 516	721 B
B 10 C[b] [8]	Top 395–399	§ 1627–1637	593
	Top [399]–400	§ 575–577c	356
	Top [400]–402	§ 589b–592	357
	Top [402]–408	§ 609–621	364
	Top [408]–413	§ 2018–2028	677
	Top [413]–415	§ 622–625	365
	Top [415]–418	§ 654–657	373
	Top [418]–421	CT 516	721 B
B 16 C	Foot [44]–53	§ 609–621	364
B 17 C	Head [2]–7	§ 614b–615b	364
BM 30	rechte Seite 1 (A–B)	§ 654–656	373
C 405	linke Seite des Sitzes	§ 1627–1628	593
CJ 50246	1–7	§ 1627–1629	593
Ibi[a]	αB 2–16	§ 655c–656e	373
Ibi[b]	δB 2–5	§ 655c–656c	373
L 1 Li	Ext. Head 1–10	§ 1627–1637	593
Lahun A	Head	§ 2026–2027	677

8 Nur CT 516 ist publiziert und konnte für die stemmatische Einordnung berücksichtigt werden; der Rest des Textes der Spruchfolge ist verloren gegangen (Allen, *Reading a Pyramid*, 10 (Anm. 5).

Sigle	Anbringungsort	überlieferter Textumfang	PT – Spruch
M	32–36	§ 622–625	365
	65–67	§ 654–657	373
	131–150	§ 1627–1637	593
	150–158	§ 575–582	356
	159–166	§ 583–592	357
	416–437+2	§ 609–621	364
Mut[a] [9]	Kammer III, Westwand + Südwand	§ 1627–1636a	593
	Kammer III, Südwand + Ostwand	§ 611b–619a	364
Mut[b]	Kammer IV, Ostwand	§ 609a–621c	364
		§ 2018–2023a	677
N	105–112	§ 575–582	356
	122–125	§ 622–625	365
	125–130	§ 654–657	373
	647–650	§ 1627–1637	593
	650–654	§ 583–592	357
	814–820	§ 2018–2028	677
	1055, +23–27, fr. 13:1	§ 609–621	364
	1055, +27–30	CT 516	721 B
Nt[a]	420–427	§ 575–582	356
	427–434	§ 1627–1637	593
	434–442	§ 583–592	357
Nt[b]	669–676	§ 1627–1637	593
Oudj	276–286	§ 583–592	357
P[a]	22–25	§ 622–625	365
	129–132	§ 575–582	356
	132–136	§ 583–592	357

9 Fragment 76 aus dem Treppengang des Grabes der Mutirdis belegt vermutlich § 656 d (PT 373). Seine Zugehörigkeit zum Grab ist jedoch nicht gesichert (vgl. Assmann, *Mutirdis*, 51, Taf. 16.76).

Sigle	Anbringungsort	überlieferter Textumfang	PT – Spruch
P^b	517–531	§ 583–592	357
pSchmitt XV	14–24	§ 2018–2028	677
	24–30	§ 622–625	365
	30–33	§ 654–655	373
pSchmitt XVIII	2–8	§ 654–657	373
	8–15	CT 516	721 B
S	Ostwand 484–487	§ 1627–1637	593
	Ostwand 488–489	§ 575–577c	356
	Ostwand 489–490	§ 590–592	357
	Ostwand 490	§ 609a–b	364
	(West Doorjamb 491–500)	(§ 502–510)	
	West Doorjamb 500–511	§ 609b–621	364
	West Doorjamb 511–513	§ 2018–2021	677
	(East Doorjamb 514–516)	(§ 511–512)	
	(East Doorjamb 517–524)	(§ 513–517)	
	East Doorjamb 525–530	§ 2022–2028	677
	East Doorjamb 530–534	§ 622–625	365
	East Doorjamb 534–536	§ 654–656b	373
	Nordwand 335–336	CT 516	721 B
S 10 C	Bottom [281]–296	§ 609–621	364
S 14 C	Bottom 178–188	§ 614–621	364
Sq 3 Be	Top 1–8	§ 1627–1633	593
	Top 9–11	§ 2018–2019	677
	Top 12–14	§ 2022–2023	677
	Top [14]–16	§ 2026–2027	677
	(Top 17–24)	(unleserlich)	
Sq 3 C	Top [198]–204	§ 1627–1635	593

Sigle	Anbringungsort	überlieferter Textumfang	PT – Spruch
Sq 4 C	Bottom 157–169	§ 1627–1637	593
	Bottom [169]–173	§ 575–577c	356
	Bottom [173]–177	§ 589b–592	357
	Bottom [177]–198	§ 609–621	364
	Bottom [198]–212	§ 2018–2028	677
	Bottom [212]–219	§ 622–625	365
	Bottom 220–227	§ 654–657	373
	Bottom 228–233	CT 516	721 B
Sq 9 C	Bottom 40–48	§ 1627–1637	593
Sq 10 C	Bottom 144–152	§ 1627–1629	593
	(Bottom [152]–155)	(§ 639)	
	Bottom [155]–160	§ 1630c–1631a	593
	Bottom [160]–164	§ 1630a–b	593
Sq 13 C	Top 27–31	§ 575–577c	356
	Top [31]–35	§ 590c–592	357
	Top [35]–41	§ 609–612	364
	(Top 42–45)	(§ 648–650a)	
	Top [45]–54	§ 613c–618	364
Sq 1 Cop	Bottom 42–45	§ 1627–1628	593
Sq 4 Sq	Front 48–50	§ 2026–2027	677
Sq 12 Sq	221–225	§ 2018–2028	677
Sq 13 Sq	102–113	§ 1627–1637	593
	113–116	§ 575–577	356
	116–125	§ 590–592	357
	125–141	§ 609–621	364
	142–150	§ 2018–2028	677
	150–155	§ 622–625	365
	155–157	§ 654–655	373
Sq 14 Sq	1–29	§ 1627–1636	593

Sigle	Anbringungsort	überlieferter Textumfang	PT – Spruch
T	170–176	§ 575–582	356
	176–183	§ 583–592	357
	264–271	§ 609–621	364
	271–273	§ 622–625	365
	287–290	§ 654–657	373
T 6 L	1–2	§ 655c–656c	373
TT 11	Hof 3–6	§ 1627–1630	593
TT 39	CG 34047	§ 2023	677
		§ 2028	677
TT 82	S 23–37	§ 1627–1637	593
	S 37–41	§ 575–577c	356
	S 41–46	§ 590–592	357
	S 47–66	§ 609–621	364
	S 67–75	§ 2018–2023	677
TT 100	Passage, South Wall	§ 609–610	364
TT 353[a]	S 31–32	§ 2028	677
	S 32	§ 609–610b	364
TT 353[b]	N 10–12	§ 609–613a	364
	(N 12–13)	(Liturgie Nr. 7, § 30)	
	N 14–16	§ 613b–617	364

7. Das Stemma und die rekonstruierten Vorlagen

Im Stemma zu Spruchfolge D (Abb. 2) konnten jeweils zwei oder drei Textzeugen zusammengefaßt werden, die auf eine gemeinsame Vorlage zurückgehen. Diese rekonstruierten Vorlagen können im einzelnen näher bestimmt werden und sind in der Reihenfolge des griechischen Alphabetes in diesem Kapitel aufgeführt. Jeder Vorlage sind folgende Angaben beigefügt:

- abhängige Textzeugen: Hier sind alle Textzeugen aufgeführt, die im Stemma von der betreffenden Vorlage direkt oder indirekt abhängen.
- Terminus post quem non: Diese Angabe gibt Auskunft über die spätestmögliche Entstehungszeit der Vorlage; eine wesentlich frühere Entstehungszeit kann dadurch aber in der Regel nicht ausgeschlossen werden. Jedoch gibt es gewisse Fälle, in denen auch eine Angabe zum Terminus ante quem non der Erstellung der Vorlage gegeben werden kann. Bei diesen Datierungsversuchen ist allerdings stets zu berücksichtigen, daß eine rekonstruierte Vorlage mehreren tatsächlichen Vorlagen entsprechen kann.[1]
- Lokalisation: Bestimmte Kriterien (zumeist die Herkunft der von der Vorlage abhängigen Textzeugen bzw. der mit der Vorlage in der gleichen Überlieferungsetappe befindlichen Textzeugen) geben Hinweise auf den Abfassungsort/Aufbewahrungsort der Vorlage. Ihre Lokalisation ist ebenso wie die Frage nach ihrer Entstehungszeit für die Überlieferungsgeschichte von Interesse.
- Parallelen: Der Vergleich mit der Überlieferungsgeschichte anderer PT- oder CT-Sprüche trägt zur Klärung der Frage bei, ob es einen gemeinsamen Überlieferungsweg in der Geschichte dieser religiösen Texte gegeben hat, oder die Überlieferung von PT und CT getrennt verlaufen ist, oder ob für jeden einzelnen Spruch/jede einzelne Spruchfolge separate Wege des Texttransfers existiert haben. Derzeit sind die Vergleichsmöglichkeiten noch relativ gering, da nur wenige Stemmata zu PT-[2] oder CT-Sprüchen[3] publiziert sind. Dennoch sind schon aus dieser geringen Zahl von Stemmata Parallelen zu dem Stemma der Spruchfolge D ersichtlich und im folgenden bei den jeweiligen Vorlagen vermerkt.
  Als Ausblick auf die nächsten Jahre kann damit gerechnet werden, daß dieser Mangel an Vergleichsmöglichkeiten einer größeren Zahl von Stemmata zu den PT und CT weichen wird (vgl. 1. Zielsetzung).

1 Vgl. unter 4.

2 Vgl. einstweilen die unpublizierte Magisterarbeit von Sledzianowski, *Untersuchungen zu den Pyramidentexten*, 31 (mit einem Stemma zu PT 226–243, das allerdings nach einer ebenfalls unveröffentlichten Arbeit von Jürgens an manchen Stellen zu korrigieren sein dürfte) und Kahl, *Überlieferungsgeschichtliches Verhältnis*, 197.

3 Vgl. bislang Jürgens, *Untersuchungen zu den Sargtexten*, 35; Gestermann, *Spätzeitliche Bezeugungen*, 128; Jürgens, *Möglichkeiten der Stemmakonstruktion*, 61; Jürgens, *Grundlinien einer Überlieferungsgeschichte*.

– Deviationslisten: Am Ende der Besprechung jeder einzelnen Vorlage sind die signifikanten Deviationen mit ihren jeweiligen Lesarten aufgelistet, und ist das Verhältnis der Lesarten zueinander bestimmt. Die dabei benutzten Abkürzungen/Zeichen haben folgende Bedeutung:

Dev. bedeutet Deviation.
: bedeutet Differenz (die Richtung der Textveränderung kann nicht bestimmt werden).
→ bedeutet Digression (die Textveränderung verläuft in der durch den Pfeil angezeigten Richtung).
(1), (2), (3) etc. bezeichnet die Lesart.

Zu jeder Vorlage sind die Deviationen, die zu ihrer Rekonstruktion geführt haben, in Listenform wiedergegeben (s. S. 31, 37, 40, 43, 46, 51, 54, 57). Es sind jeweils alle in der Untersuchung berücksichtigten Textzeugen und die von ihnen überlieferte Lesart aufgeführt. Die zur Rekonstruktion der Vorlage dienlichen Lesarten sind durch Fettdruck kenntlich gemacht. Die in den Deviationslisten gegebenen Anmerkungen befinden sich jeweils am Ende der Besprechung der einzelnen Vorlagen. In den Listen sind folgende Abkürzungen/Zeichen verwendet:

griechischer Kleinbuchstabe + Ziffer in der Kopfzeile bezeichnet die Deviationsnummer der jeweiligen Vorlage (z. B. γ1 = Deviation 1 der Vorlage γ).
Zahl (+ Kleinbuchstabe) in der Kopfzeile bezeichnet die betreffende Textstelle (nach §) in den Pyramidentexten, in welcher die Deviation belegt ist.
CT + Zahlangabe in der Kopfzeile bezeichnet die betreffende Textstelle in den Sargtexten, in welcher die Deviation belegt ist.
S = singuläre Lesart
0 = an dieser Stelle zerstört/nicht lesbar
1, 2, 3 etc. = Bezeichnung der Lesart
\- = nicht überliefert

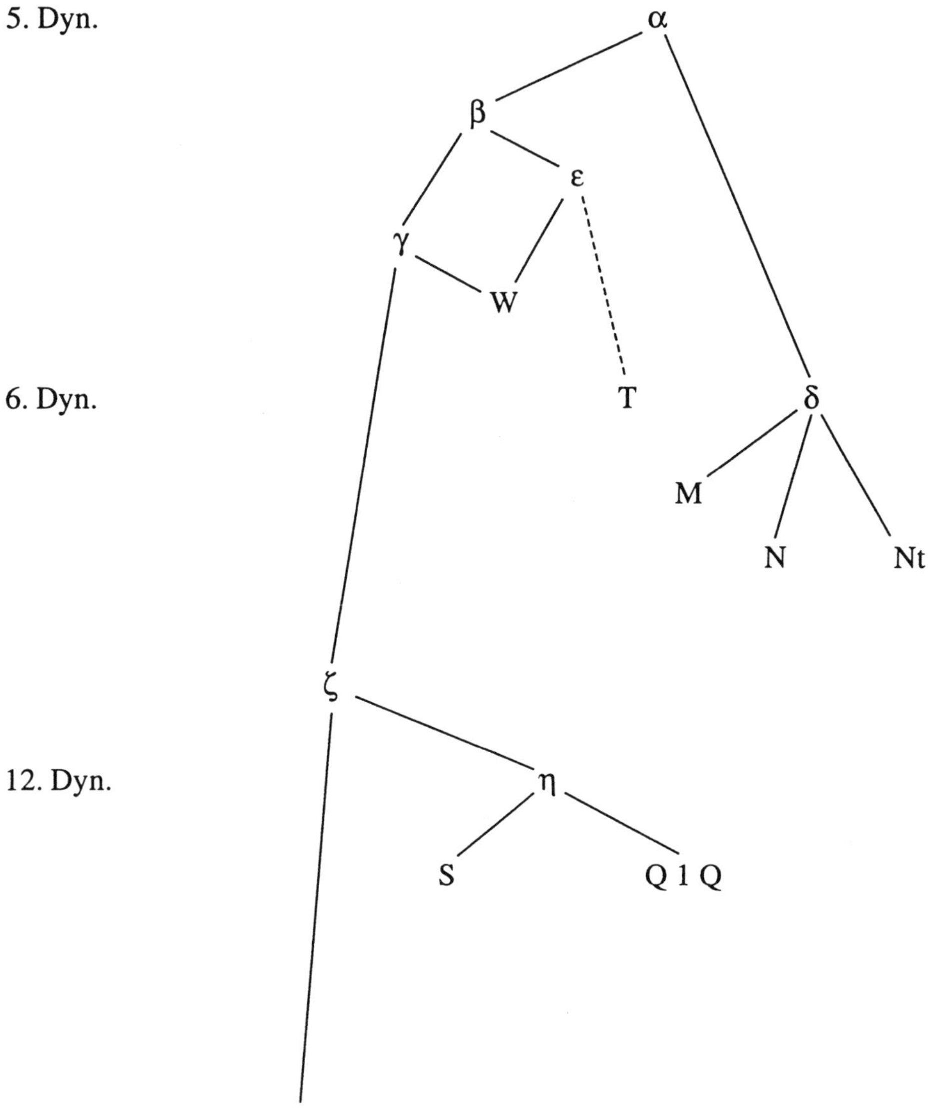

Nicht unterhalb von γ einzuordnen sind Aba, P.
Nicht unterhalb von ζ einzuordnen ist T 3 Be.

Abb. 3: Das Stemma zu PT 302–312

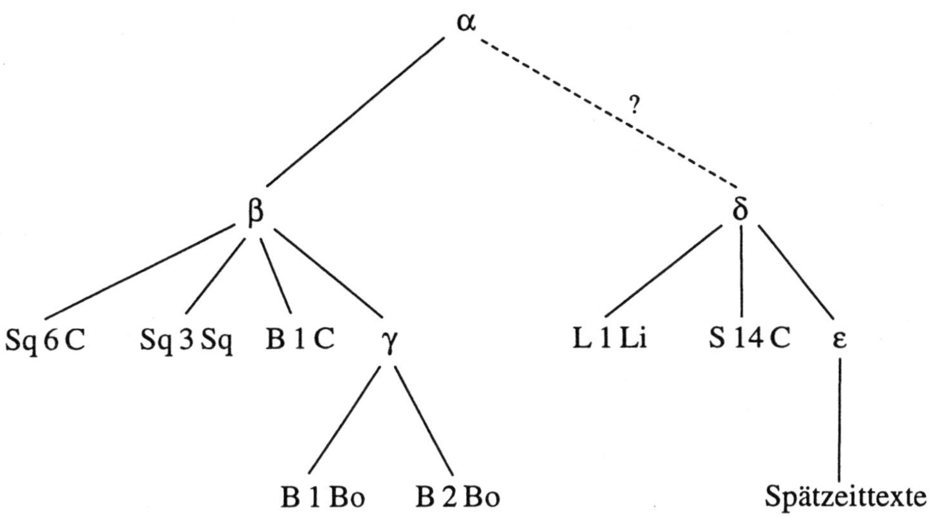

Abb. 4: Das Stemma zu Spruch 151 der Sargtexte (nach: Gestermann, *Spätzeitliche Bezeugungen*, 128).

Vorlage:	α
abhängige Textzeugen:	alle in das Stemma aufgenommenen Textzeugen
Terminus post quem non:	Teti (6. Dyn.)
Lokalisation:	memphitisch-heliopolitanischer Raum

α stellt den Text dar, der dem Original der Sprüche der Spruchfolge D am nächsten kommt. Eventuell waren die Sprüche noch nicht in der in Vorlage γ erstmals feststellbaren (und als Spruchfolge D bezeichneten) Reihenfolge geordnet: Vorlage β überliefert die Sprüche noch in kürzeren Sequenzen.

Das Alter von α kann nicht genau bestimmt werden; vermutlich sind die Texte in dieser Form nicht vor der 5. Dyn., eventuell sogar erst in der 6. Dyn. verfaßt worden.[4]

α dürfte im memphitischen Raum zu lokalisieren sein, da zunächst nur Textzeugen aus Saqqara die Spruchfolge D tradieren. Jedoch muß nicht unbedingt die Nekropole Saqqara auch der Entstehungsort der Texte sein; vielmehr kommen dafür die Kapitale Memphis oder das religiöse Zentrum Heliopolis in Betracht.

4 Zur Frage der Datierung der Pyramidentexte vgl. Altenmüller, *Pyramidentexte*, 19–20.

Vorlage:	β
abhängige Textzeugen:	δ (indirekt mit M, T; für PT 364 auch Sq 4 C, B 6 C, B 9 C B 10 Ca) und ε (mit N und η mit Nt^{a}, Nt^{b} und Sq 3 C); abhängig, aber nicht genau einzuordnen: P^{b}.
Terminus post quem non:	Teti (6. Dyn.)
Lokalisation:	Saqqara
Parallelen:	Vorlage δ in PT 302–312

Gemeinsam mit der hypothetischen Vorlage γ bildet die hypothetische Vorlage β die Hauptverzweigung des Stemmas der Spruchfolge D. β überliefert im Gegensatz zu γ die Sprüche, die zur Spruchfolge D gehören, nicht in zusammenhängender Folge (vgl. unter 6. das Textvolumen von M, T, N, Nt^{a}, Nt^{b}, Sq 3 C), sondern in kürzeren Einheiten. Dies kann für die Stemmakonstruktion als Differenz, jedoch nicht als Digression gewertet werden, da die Richtung der Textveränderung nicht bestimmt werden kann (es bleibt unklar, ob die Spruchfolge D bereits im Archetypus im vollen Umfang angelegt war).

β ist Vorlage für die Textzeugen des Alten Reiches und – auffälligerweise – auch für den Sarg Sq 3 C aus dem Mittleren Reich (vgl. Vorlage η). Daß die Pyramiden der 6. Dynastie einen selbständigen Überlieferungszweig bilden, bestätigt auch das Stemma zu PT 302–312 (Abb. 3).[5] Allerdings scheint bei PT 302–312 T einem anderen (γ entsprechenden) Zweig zu folgen.

Als relativ schwierig erwies es sich, für β eindeutig sekundäre Lesarten zu finden, welche für die Konstruktion der obersten Stemmaverzweigung unbedingt erforderlich sind.[6] Dies entspricht der Erfahrung, daß eine zunehmende Textqualität die Möglichkeit der Stemmakonstruktion verringert.[7] Zwar sind Deviationen zu γ zahlreich vorhanden, zumeist jedoch ist entweder nicht zu entscheiden, welche der beiden Vorlagen die ursprüngliche Lesart überliefert, oder überliefert β die originäre Lesart. Dennoch läßt sich eine fehlerhafte, β kennzeichnende Textstelle ausmachen:

§ 592 c: Die futurische *ỉn*-Konstruktion *(ỉn Ḥr.w nḏ̌=f)* scheint im Kontext unpassend, da Horus für seinen Vater bereits gutgemacht hat, was Seth getan hat (vgl. § 587 b, 591 a). Die Lesart der Vorlage γ (Perfekt) ist vorzuziehen.

Dev. 1: *nḏ̌* (1) → *nḏ̌=f* (2)
Anm. 1: In P^{b} im § 592 a.

5 Kahl, *Überlieferungsgeschichtliches Verhältnis*, 197–198.
6 Vgl. Schenkel, *Stemma der Sonnenlitanei*, 39.
7 Schenkel, *Stemma der Sonnenlitanei*, 23.

Vorlage:	γ
abhängige Textzeugen:	θ (mit Sq 4 C und κ (indirekt mit B 6 C, B 9 C, B 10 C^{a})) und ι (mit Sq 3 Be und μ (indirekt mit S, B 16 C, B 17 C, S 10 C, S 14 C, TT 353^{b}, TT 82, Mut^{a}, Mut^{b}, Sq 12 Sq, Sq 13 Sq, Sq 14 Sq, Lahun A, pSchmitt XV sowie Ab 1 Le^{b}, Sq 9 C, Sq 10 C, TT 39, TT 353^{a})); abhängig, aber nicht genauer einzuordnen: Sq 13 C, TT 11, CJ 50246.
Terminus post quem non:	11. Dyn.
Lokalisation:	Saqqara
Parallelen:	vgl. die Vorlage β in PT 302–312.

γ ist die maßgebliche Vorlage für alle Textzeugen, die aus der Zeit nach dem Alten Reich datieren (mit Ausnahme von Sq 3 C und von θ, das in PT 364 auf ζ zurückgreift).

Spätestens in γ (eventuell, wenn auch eher unwahrscheinlich, bereits in α) wurde die Spruchfolge D in der sie kennzeichnenden Zusammensetzung festgelegt: Sowohl Textzeugen, die auf θ zurückgehen (Sq 4 C, B 9 C, B 10 C^{a}; vermutlich auch B 10 C^{b}), als auch solche, die auf ι zurückzuführen sind (S, Sq 13 Sq), überliefern die PT-Sprüche 593, 356, 357, 364, 677, 365, 373, 721 B in einer direkten, wenn auch zum Teil variierenden Reihenfolge.[8] Die Textzeugen, die von β abhängen, weisen dagegen nur höchstens drei Sprüche in direkter Abfolge auf (M: PT 593, 356, 357; Nt^{a}: PT 356, 593, 357).

Das Alter von γ läßt sich nicht eindeutig bestimmen. Tatsächlich ist damit zu rechnen, daß der in γ greifbare Textzustand erst im Verlauf der Anfertigung mehrerer, im einzelnen nicht mehr rekonstruierbarer Abschriften zwischen α und γ entstand:[9] Die Modernisierung in § 591 a (= Dev. 9) bezeugt einen relativ jungen Sprachgebrauch. Der Sarg B 16 C überliefert noch den Königsnamen *W3ḥ-k3-Rʿw Ḫty*, welchen der Schreiber von B 16 C an manchen Stellen kopierte.[10] Dies belegt, daß γ oder eine der von γ abhängigen Vorlagen (spätestens o) in Verbindung mit den Texten für den König *W3ḥ-k3-Rʿw Ḫty* der Ersten Zwischenzeit steht.

Ein Vergleich von γ mit dem Stemma zu PT 302–312 (Abb. 3) zeigt, daß dort wie auch hier in Spruchfolge D der Textzeuge S und andere Textzeugen des Mittleren Reiches und der späteren Zeit nicht der Überlieferung der Pyramiden der (mittleren und späten) 6. Dynastie folgen. In PT 302–312 folgt S vielmehr der Textfassung, die in der Unaspyramide (W) zur Kollation der bereits angebrachten Texte diente. Da die Unaspyramide aber keinen der Sprüche aus Spruchfolge D überliefert, kann nicht

8 Sq 13 Sq überliefert nicht PT 721 B (CT 516).

9 Vgl. Schenkel, *Stemma der Sonnenlitanei*, 28.

10 Vgl. Allen, *Funerary Texts*; Schenkel, *Herakleopolitanische Tradition*.

ohne weiteres angenommen werden, daß alle diese Sprüche schon zur Zeit des Unas schriftlich fixiert waren. Analog zu PT 302–312 kann aber festgestellt werden, daß auch die Vorlagen der Spruchfolge D, auf die S und andere Textzeugen der jüngeren Zeit zurückgriffen, zunächst für den königlichen Bedarf (*W3ḥ-k3-Rʿw Ḫty*) verwendet worden waren.

Dev. 1: § 1629 a: *Nw.t ẖr.ti ḥr* (1) → *ẖw=ś* (2) → *Nw.t ẖw=ś* (3)
Kommentar: Lesart (2) und (3) weisen eine lectio facilior auf und sind daher als sekundär zu betrachten. Die Textzeugen des NR und der Spätzeit haben in Lesart (3) *Nw.t* vermutlich nachträglich wieder eingefügt (zahlreiche Texte der Spätzeit nennen *Nw.t* explizit oder beziehen sich auf sie).
Anm. 1: B 10 Ca: *ẖw [...].*
Anm. 2: CJ 50246: *Nw.t ẖw [=ś].*
Anm. 3: Sq 14 Sq: *[Nw.t] ẖw=ś.*

Dev. 2: § 1633 a: *bnu̯=k* (1) → *bi3=k* (2)
Anm. 1: Nta, Sq 3 C: *bnw=k.*
Anm. 2: Sq 13 Sq: 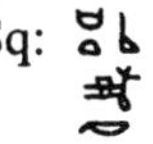 .
Anm. 3: Sq 14 Sq:  .
Anm. 4: TT 82: 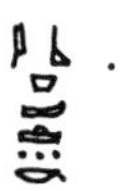 .

Dev. 3: § 1637 a: *rn=f* (1) → *rn=k* (2)

Dev. 4: § 2023 a: *ś:šm=k* (1) → *ś:šm čw* (2) → *šmś.n čw* (3)
Kommentar: Sinnentstellende Umformulierung in Lesart (2).
Anm. 1: Mutb: *ś:šm špś.w Wśir ḫnt.i-imn.tiw*. Dies entspricht Lesart (2).
Anm. 2: pSchmitt XV: *ś:šm*  ; eventuell  *=tw (< čw)*, abgeleitet aus *twr*?

Dev. 5: § 575 a: *sḫn=f* (1) : *nḥm=f* (2)
Anm. 1: B 10 Ca: *[n]ḥm[=f].*
Anm. 2: Sq 13 Sq: *n ẖnm.n=f.*

Dev. 6: Auf § 577 c folgt § 577 d (1) → auf § 577 c folgt § 590 a (PT 357) (2)
Kommentar: Lesart (2) stellt eine Kurzfassung dar und ist daher vermutlich sekundär. Vgl. auch Dev. 7.
Anm. 1: Abab: § 577 c ist zerstört, § 577 d ist erhalten.

Dev. 7: § 583–589a (1) → ø (2)
Kommentar: Lesart (2) stellt eine Kurzfassung dar und ist daher vermutlich sekundär. Vgl. auch Dev. 6.

Dev. 8: Reihenfolge § 589 b + 590 a + 590 b (1) : Reihenfolge § 590 a + 589 b + 590 a Anf. *(h3 NN)* + 590 b (2)
Anm. 1: Sq 4 C: *h3 Wśỉr [...]*; in der zerstörten Passage standen vermutlich § 590 a, § 589 b und § 590 a Anf. Danach folgt der erhaltene § 590 b.
Anm. 2: Sq 13 C (Z. 40–41) überliefert § 590 a in Verbindung mit PT 364 (anstatt § 612 a Anf.); Sq 13 C (Z. 31) liest in § 590 b *ỉnị.n=f n=k[...]*.
§ 589 b ist auf Sq 13 C nicht überliefert.

Dev. 9: § 591 a: *n č̣t.n* (1) → *n č̣t* (2)
Kommentar: Lesart (1) steht in den Pyramidentexten in unabhängigen Sätzen als Negation der Vergangenheit (Allen, *Inflection of the Verb*, 293 (§ 435)). Spätestens im Mittleren Reich wurde Lesart (1) modernisiert zu *n č̣t* (Lesart 2).
Anm. 1: B 9 C: *č̣t.t*.
Anm. 2: B 10 Ca: Lesart (1) ist vermutlich nachträglich aus Lesart (2) entstanden.
Anm. 3: Sq 13 Sq: *n č̣tč̣t*.
Anm. 4: TT 82:  (Lesart (2), wenn *n* als Komplement zu *nč̣* gewertet wird).

Vorlage:	δ
abhängige Textzeugen:	M und ζ (mit T und in PT 364 θ (indirekt mit Sq 4 C, B 6 C, B 9 C, B 10 Ca)).
Terminus post quem non:	Teti (6. Dyn.)
Lokalisation:	Saqqara
Parallelen:	

δ diente als Vorlage für M und ζ. M dürfte von allen Textzeugen, die die Spruchfolge D überliefern, insgesamt gesehen der zuverlässigste sein. Dies drückt sich auch in der stemmatischen Stellung von M aus: Nur zwei rekonstruierbare Vorlagen trennen M vom Archetypus.

Eventuell ist M sogar direkt unter β anzusetzen, wodurch ζ und T auch näher zu β rücken würden. Dies wäre möglich, wenn man das vermeintliche initiale *ỉ* in § 656 d *(ỉ.ṯw3)* zu *ỉ.ḫm.w śk.ỉ* zieht. In diesem Fall hätte das Stemma unterhalb der Verzweigung β folgendes Aussehen:

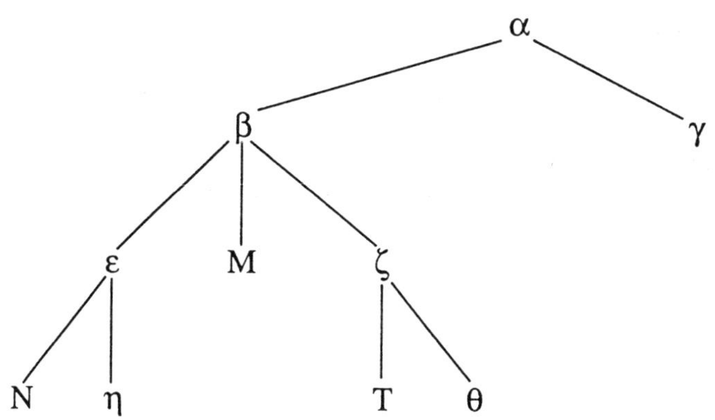

Abb. 5: Alternative Stemmakonstruktion unterhalb von β.

Wie bereits oben erwähnt, erschwert eine gute Qualität der Textzeugen, die für eine Stemmakonstruktion notwendigen, einwandfrei sekundären Lesarten zu finden.

Dev. 1: § 576 a: *ś:ḥm.n=f n=k ỉb* (1) : *ś:ḥm.n=f ỉb* (2) → *ś:ḥm=f n=k ỉb* (3)
Anm. 1: Die von B 9 C überlieferte Lesart (2) ist eventuell unabhängig von Vorlage δ entstanden. Die Tatsache, daß B 9 C und die von θ abhängigen Textzeugen in PT 356 sonst der Vorlage γ folgen, deutet darauf hin (vgl. 7. Vorlage γ, Dev. 5–7).

Dev. 2: § 656 d: *ṯw3 čw* (1) → *ỉ.ṯw3 čw* (2)

		β1	γ1	γ2	γ3	γ4	γ5	γ6	γ7	γ8	γ9	δ1	δ2
								nach	583–	589b–			
		592c	1629a	1633a	1637a	2023a	575a	577c	589a	590b	591a	576a	656d
1	Ab 1 Le[a]	-	-	-	-	-	-	-	-	-	-	-	-
2	Ab 1 Le[b]	-	**2**	-	**2**	-	-	-	-	-	-	-	-
3	Aba[a]	-	-	-	-	-	-	-	1	-	-	-	-
4	Aba[b]	-	-	-	-	-	-	1[1]	1	0	-	-	-
5	Ap	-	-	-	-	1	-	-	-	-	-	-	-
6	B 6 C	-	-	-	-	-	-	-	-	-	-	-	-
7	B 9 C	1	**2**	0	**2**	**2**	0	**2**	**2**	**2**	S[1]	2[1]	1
8	B 10 C[a]	1	**2**[1]	**2**	0	**2**	**2**[1]	**2**	**2**	**2**	1[2]	0	1
9	B 10 C[b]												
10	B 16 C	-	-	-	-	-	-	-	-	-	-	-	-
11	B 17 C	-	-	-	-	-	-	-	-	-	-	-	-
12	BM 30	-	-	-	-	-	-	-	-	-	-	-	-
13	C 405	-	-	-	-	-	-	-	-	-	-	-	-
14	CJ 50246	-	**3**[2]	-	-	-	-	-	-	-	-	-	-
15	Ibi[a]	-	-	-	-	-	-	-	-	-	-	-	1
16	Ibi[b]	-	-	-	-	-	-	-	-	-	-	-	-
17	L 1 Li	-	0	0	0	-	-	-	-	-	-	-	-
18	Lahun A	-	-	-	-	-	-	-	-	-	-	-	-
19	M	**2**	1	1	1	-	1	1	1	1	1	**2**	**2**
20	Mut[a]	-	3	0	0	-	-	-	-	-	-	-	-
21	Mut[b]	-	-	-	-	2[1]	-	-	-	-	-	-	-
22	N	**2**	1	1	1	1	1	1	1	1	1	1	1
23	Nt[a]	**2**	1	1[1]	1	-	1	1	1	1	1	1	-
24	Nt[b]	-	1	0	1	-	-	-	-	-	-	-	-
25	Oudj	0	-	-	-	-	-	-	1	1	0	-	-
26	P[a]	0	-	-	-	-	0	0	1	1	0	0	-
27	P[b]	**2**[1]	-	-	-	-	-	-	1	1	1	-	-
28	pSchmitt XV	-	-	-	-	S[2]	-	-	-	-	-	-	-
29	pSchmitt XVIII	-	-	-	-	-	-	-	-	-	-	-	1
30	S	1	**2**	**2**	**2**	**2**	**2**	**2**	**2**	**2**	**2**	3	1
31	S 10 C	-	-	-	-	-	-	-	-	-	-	-	-
32	S 14 C	-	-	-	-	-	-	-	-	-	-	-	-
33	Sq 3 Be	-	**2**	0	-	**2**	-	-	-	-	-	-	-
34	Sq 3 C	-	1	1[1]	-	-	-	-	-	-	-	-	-
35	Sq 4 C	1	0	0	0	**2**	0	**2**	**2**	2[1]	**2**	0	0
36	Sq 9 C	-	**2**	0	-	-	-	-	-	-	-	-	-
37	Sq 10 C	-	**2**	-	-	-	-	-	-	-	-	-	-
38	Sq 13 C	0	-	-	-	-	2	**2**	**2**	S[2]	**2**	1	-
39	Sq 1 Cop	-	-	-	-	-	-	-	-	-	-	-	-
40	Sq 4 Sq	-	-	-	-	-	-	-	-	-	-	-	-
41	Sq 12 Sq	-	-	-	-	3	-	-	-	-	-	-	-
42	Sq 13 Sq	1	**3**	**2**[2]	**2**	3	S[2]	**2**	**2**	**2**	S[3]	1	-
43	Sq 14 Sq	-	**3**[3]	S[3]	-	-	-	-	-	-	-	-	-
44	T	**2**	-	-	-	-	1	1	1	1	1	**2**	**2**
45	T 6 L	-	-	-	-	-	-	-	-	-	-	-	-
46	TT 11	-	**3**	-	-	-	-	-	-	-	-	-	-
47	TT 39	-	-	-	-	**2**	-	-	-	-	-	-	-
48	TT 82	1	**3**	**2**[4]	**2**	**2**	**2**	**2**	**2**	**2**	**2**[4]	3	-
49	TT 100	-	-	-	-	-	-	-	-	-	-	-	-
50	TT 353[a]	-	-	-	-	-	-	-	-	-	-	-	-
51	TT 353[b]	-	-	-	-	-	-	-	-	-	-	-	-

Vorlage: ε
abhängige Textzeugen: N und η (mit Nt^{a}, Nt^{b} und Sq 3 C).
Terminus post quem non: Pepi II. (6. Dyn.).
Lokalisation: Saqqara
Parallelen:

ε bildet die Vorlage für N und η. Daß N und Nt auf eine gemeinsame Vorlage zurückgehen, ist aus den historischen Gegebenheiten leicht erklärbar: Für die Pyramide der Gemahlin Pepi II. wurde (indirekt) auf dieselbe Vorlage zurückgegriffen, von der auch die Texte für die Pyramide Pepi II. kopiert wurden.

Dev. 1: § 582 d: *ḥtp=k m rn=k* (1) → *ḥtp=f m rn=k* (2)

Dev. 2: § 590 c: *nčr.w nb.w* (1) : *nčr.w* (2)

Dev. 3: § 591 c: *nḫḫ ḫr=k* (1) : *nḫḫ n=k ḫr=k* (2) → *nḫḫ <ḫ>r=k* (3) : *nḫḫ=ś ḫr=k* (4) → *nḫḫ=ś n=k ḫr=k* (5)

Vorlage: ζ
abhängige Textzeugen: T und θ (mit Sq 4 C und indirekt mit B 6 C, B 9 C, B 10 C^{a}).
Terminus post quem non: Teti (6. Dyn.)
Lokalisation: Saqqara
Parallelen:

ζ war Vorlage für T; zugleich diente ein Ausschnitt von ζ (mindestens § 609 c–614 d) auch als Vorlage für θ, wovon Sq 4 C und κ abhängen. Daß θ nur einen Teil von PT 364 von ζ kopiert hat, legt die Überlieferung von § 616 d nahe: T und vermutlich Ap lesen *ḳrśw.t*, B 9 C und die anderen erhaltenen Textzeugen (M, S, Sq 13 C, TT 82, TT 353^{b}, Sq 13 Sq) lesen *č̣rw.t*.

Dev. 1: § 609 c: *m ỉr.t=f* (1) : ø (2) → *m nčr* (3)
Anm. 1: Mut^{b}: *m ỉr.tỉ=f*.

Dev. 2: § 614 c: *ṯi̯* (1) : *ṯi̯.n<=f>* (2) → ø (3)

Dev. 3: § 614 d: *Ḥr.w* (1) → ø (2)

Vorlage: η
abhängige Textzeugen: Nt^{a}, Nt^{b}, Sq 3 C
Terminus post quem non: Pepi II. (6. Dyn.)
Lokalisation: Saqqara
Parallelen:

Die Vorlage η ist durch verbindende Deviationen von Nt^{a} und Nt^{b} einerseits bzw. Nt^{a} und Sq 3 C andererseits abgesichert.

Auffällig ist die Abhängigkeit von Sq 3 C von η und damit von dem sonst auf Textzeugen aus dem Alten Reich beschränkten Überlieferungsstrang β. Auf die Affinität der Texte von Mittleren-Reichs-Särgen aus Saqqara zu denen der Pyramiden der 6. Dynastie aus Saqqara – insbesondere zu Nt – wies bereits Thompson hin.[11] Thompson versuchte in seiner Untersuchung wahrscheinlich zu machen, daß Särge des Mittleren Reiches aus Saqqara überlieferungsgeschichtlich enger mit den Pyramiden der 6. Dynastie verbunden sind als mit den in der Unas-Tradition stehenden Textzeugen (wie z. B. S). Jedoch nahm Thompson keine Untersuchung nach der textkritischen Methode vor, sondern sammelte nur über das ganze PT-Corpus verstreute Gemeinsamkeiten (einzelne Lesungen, Spruchsequenzen) der Särge aus Saqqara (insbesondere Sq 3 C, Sq 4 C, Sq 5 C, Sq 6 C) mit den Pyramiden der 6. Dynastie. Er versuchte nicht, die Überlieferungsgeschichte der einzelnen Spruchfolgen herauszuarbeiten. Die Beobachtung, daß die Texte der Särge aus Saqqara mit denen der 6. Dynastie-Pyramiden zusammengehen, erklärte Thompson als natürliches Ergebnis einer Fortführung der PT-Tradition vom Alten Reich zum Mittleren Reich in Saqqara.[12] Wie nun die textkritische Untersuchung der Spruchfolge D zeigt, ist der überlieferungsgeschichtliche Befund komplizierter als Thompson annahm: Zum einen gehen tatsächlich Särge aus Saqqara auf die Vorlagen der Pyramiden der 6. Dynastie zurück (Sq 3 C; Sq 4 C in PT 364); zum andern stehen aber Särge des Mittleren Reiches aus Saqqara auch in derselben Tradition wie S (und damit in einer Überlieferung, die die Pyramiden der 6. Dyn. umgeht): Sq 4 C (außer in PT 364) und Sq 3 Be folgen γ.

Dev. 1: § 1633 a: *bnu̯=k* (1) : *bnw=k* (2) → *bỉ3=k* (3)
Anm. 1: Sq 13 Sq liest *bỉ3.t=k*.
Anm. 2: Sq 14 Sq liest 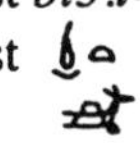 .
Anm. 3: TT 82 liest *bỉ3.w=k*.

11 Thompson, *Origin of the Pyramid Texts*, 17–25.
12 Thompson, *Origin of the Pyramid Texts*, 25.

Dev. 2: § 1633 c: *ʿnḫ* („Käfer") (1) → *ʿnḫ{k}* (2)
Anm. 1: B 9 C liest *[...] ḫpr*.
Anm. 2: S und Sq 13 Sq lesen *ʿnḫ.w* („Käfer").
Anm. 3: TT 82 liest *ʿnḫ.w* („Lebende").

Dev. 3: § 1637 a: *3ḫ n=k* (1) : *ỉ.3ḫ=k* (2)
Anm. 1: B 9 C liest *3ḫ=f*.
Anm. 2: M überliefert *3ḫ=k*.
Anm. 3: Sq 13 Sq liest *3ḫ n=f*.

Vorlage:	θ
abhängige Textzeugen:	Sq 4 C und κ (mit B 6 C und indirekt mit B 9 C, B 10 Ca).
Terminus post quem non:	11. Dyn.
Lokalisation:	Saqqara
Parallelen:	Vorlage β in CT 151

θ ist Vorlage für den Sarg Sq 4 C sowie indirekt für Textzeugen aus al-Birša, die an das Ende der 11. Dyn. bzw. an den Anfang der 12. Dyn. zu datieren sind. θ geht zumeist auf γ zurück, streckenweise aber auch auf ζ, der Vorlage, von der T abhängt. Die Abhängigkeit von jeweils einer der beiden Vorlagen ist in folgenden Sprüchen feststellbar (in Klammern sind die Textstellen angegeben, die auf die jeweilige Abhängigkeit schließen lassen; die entsprechenden Deviationen sind den Deviationslisten γ, δ (§ 656 d) und ζ zu entnehmen):

PT 593 (§ 1629 a, 1633 a, 1637 a): γ | θ

PT 356 (§ 575 a, 577 c–582 d): γ | θ

PT 357 (§ 583–591 a): γ | θ

PT 364 (§ 609 c, 614 c–d): ζ | θ

PT 677 (§ 2023 a): γ | θ

PT 373 (§ 656 d): γ | θ

Für PT 365 und 721 B (= CT 516) kann mangels signifikanter Deviationen die Abhängigkeit zu einer der beiden Vorlagen nicht bestimmt werden.

Der Schreiber der Vorlage θ strebte offensichtlich nicht an, aus γ und ζ einen im eigentlichen Sinne kontaminierten Text herzustellen (durch genauen 1:1-Vergleich der beiden Vorlagen; vgl. z. B. Vorlage φ). Vielmehr hielt er sich jeweils vollkommen an eine Vorlage: Zumeist an γ und nur in PT 364 an ζ. Der Grund für diesen Vorlagenwechsel bleibt unklar; denkbar ist, daß eine zerstörte Stelle wiederhergestellt werden mußte. Das Naheliegendste dürfte dann gewesen sein, in der Umgebung nach einer Vorlage zu suchen, die die fehlende Passage aus PT 364 überliefert.[13] Der Sarg Sq 4 C, der direkt von θ abhängt, wurde nahe der Teti-Pyramide gefunden (vgl. Abb. 9–10) und gehörte *Ḫnw*, der an den Pyramidenanlagen von Teti und Merikare tätig war *(mtỉ nḭ s3 č̣t-ś.wt-Ttỉ; sẖ3.w ḫtm.t nčr Mrḭ.y-k3-Rʿw).*[14] Es deuten somit das stemmatische Verhältnis von θ und ζ, der Fundort des θ am nächsten stehenden Textzeugen, als auch die Titel des Inhabers dieses Textzeugen darauf hin, daß PT 364 für θ aus einer Vorlage bezogen wurde, die im Tempel der Tetipyramide aufbewahrt wurde.

Warum nicht die komplette Vorlage von Teti übernommen wurde, kann eventuell damit erklärt werden, daß γ insgesamt die scheinbar zuverlässigere Version der Spruchfolge bot, oder daß im Tempel des Teti nicht alle Sprüche aufbewahrt waren (T überliefert nicht PT 593, 677, 721 B (= CT 516)).

Die plausible Annahme, daß das Innere der Tetipyramide im Mittleren Reich nicht zugänglich war, und ein Vergleich der Überlieferung von §§ 609 c–614 d durch T und Sq 4 C legen nahe, daß θ nicht direkt aus der Pyramide des Teti kopiert wurde, sondern von einer archivierten (Papyrus-)Vorlage.[15]

Eine Parallele zu θ scheint die für CT 151 rekonstruierte Vorlage β darzustellen, auf die direkt oder indirekt Textzeugen der 11./12. Dyn. aus Saqqara (Sq 6 C, Sq 3 Sq) und al-Birša (B 1 Bo, B 2 Bo, B 1 C) zurückgehen (Abb. 4). Allerdings handelt es sich bei keinem der Textzeugen um einen derjenigen, welche die Spruchfolge D belegen, so daß ein letzter Zweifel an der Gleichsetzung bestehen bleiben muß.

Dev. 1: § 620 b: *f3.n ... Ḥr.w* (1) : *f3.n=f* (2)
Anm. 1: M: *f3.n čw [...]*
Anm. 2: Sq 4 C: *[f3.n=f] čw*

13 Bemerkenswert ist die Suche nach einer besseren Vorlage; insbesondere in der jüngeren ägyptischen Abschreibpraxis wurde oftmals trotz der Beschädigung einer Vorlage sinnlos weiterkopiert oder der Vermerk »zerstört gefunden« eingesetzt.

14 Vgl. Lapp, *Typologie*, 53 (dort als Sq77 bezeichnet).

15 T liest in § 613 c *n wp.n=f*, Sq 4 C liest *n wp.n Ḥr.w*; T liest in § 614 *a m rn=k pw nḭ*, Sq 4 C liest *m rn=k nḭ*. Allerdings kann sowohl bei der Umformulierung im § 613 c als auch bei der Auslassung von *pw* im § 614 a nicht völlig ausgeschlossen werden, daß diese Textveränderungen auch bei direkter Abschrift von T erfolgen konnten.

Vorlage: ι
abhängige Textzeugen: Sq 3 Be und μ (indirekt mit S, Sq 12 Sq, Sq 13 Sq, Sq 14 Sq, Lahun A, pSchmitt XV, Mut[a], Mut[b], B 16 C, B 17 C, S 10 C, S 14 C, TT 82, TT 353[b]).
Terminus post quem non: Sesostris I. (12. Dyn.)
Lokalisation: Saqqara
Parallelen:

Durch nur eine Deviation greifbar ist die Vorlage ι. Im Gegensatz zu N und Sq 4 C teilen alle anderen Textzeugen, die § 2019 c überliefern, die in ι enthaltene Veränderung einer progressiven Passivform in eine perfektive. Da Sq 4 C in PT 677 mit γ geht (vgl. § 2023 a), wird für die Textveränderung im § 2019 c eine separate Vorlage ι angesetzt.

Zur Zuverlässigkeit des Textzeugen Sq 3 Be vgl. unter 7. Vorlage μ und unter 8.3.

Dev. 1: § 2019 c: *nč̣.t(i̓) ḥr=f* (1) → *nč̣ ḥr=f* (2)
Kommentar: Lesart (1) ist ein progressives *śč̣m.ti̓*-Passiv (vgl. Allen, *Inflection of the Verb*, 371 (§ 547)); Lesart (2) ist ein perfektives Passiv.

Vorlage: κ
abhängige Textzeugen: B 6 C und λ (mit B 9 C und B 10 C[a]).
Terminus post quem non: 11. Dyn. (ursprüngliche Datierung für B 6 C)
Lokalisation: al-Birša
Parallelen: Vorlage γ in CT 151

Von κ hängen nur Textzeugen aus al-Birša ab; somit ist anzunehmen, daß κ auch dort aufbewahrt wurde. Dies bedeutet, daß in der Zeit zwischen der Erstellung von θ und der Erstellung von κ eine Verlagerung der Vorlage von Saqqara nach al-Birša erfolgte.

Mit κ kann die in CT 151 rekonstruierte Vorlage γ (Abb. 4) insofern verglichen werden, als in CT 151 wie auch in Spruchfolge D Textzeugen aus al-Birša von einer Vorlage abhängen, die ursprünglich vermutlich aus Saqqara stammte (vgl. oben Vorlage θ).

Dev. 1: § 622 b: *ḥmśi̯=k* (1) : *ḥmś* (2)
Anm. 1: Sq 13 Sq: *ḥr ś.t=k* (aus Lesart (1) entstanden).

Dev. 2: § 623 a: *n čwt i̓ś* (1) → *čwt* (2)
Anm. 1: B 9 C: *čw[…]*.
Anm. 2: pSchmitt XV: *twt i̓ś*.
Anm. 3: P[a] und Sq 13 Sq: *n čw<t> i̓ś*.

		ε1	ε2	ε3	ζ1	ζ2	ζ3	η1	η2	η3	θ1	ι1	κ1	κ2
		582d	590c	591c	609c	614c	614d	1633a	1633c	1637a	620b	2019c	622b	623a
1	Ab 1 Le[a]	-	-	-	-	-	-	-	-	-	-	-	-	-
2	Ab 1 Le[b]	-	-	-	-	-	-	-	-	1	-	-	-	-
3	Aba[a]	0	-	-	-	-	-	-	-	-	-	-	-	-
4	Aba[b]	-	-	-	-	-	-	-	-	-	-	-	-	-
5	Ap	-	-	-	-	0	0	-	-	-	1	0	-	-
6	B 6 C	-	-	-	-	-	-	-	-	-	-	-	**2**	**2**
7	B 9 C	-	1	3	**2**	**2**	0	0	S[1]	S[1]	**2**	0	0	**2**[1]
8	B 10 C[a]	-	1	3	0	**2**	**2**	3	0	0	**2**	-	**2**	**2**
9	B 10 C[b]													
10	B 16 C	-	-	-	1	-	-	-	-	-	1	-	-	-
11	B 17 C	-	-	-	-	1	1	-	-	-	-	-	-	-
12	BM 30	-	-	-	-	-	-	-	-	-	-	-	-	-
13	C 405	-	-	-	-	-	-	-	-	-	-	-	-	-
14	CJ 50246	-	-	-	-	-	-	-	-	-	-	-	-	-
15	Ibi[a]	-	-	-	-	-	-	-	-	-	-	-	-	-
16	Ibi[b]	-	-	-	-	-	-	-	-	-	-	-	-	-
17	L 1 Li	-	-	-	-	-	-	0	0	0	-	-	-	-
18	Lahun A	-	-	-	-	-	-	-	-	-	-	-	-	-
19	M	1	1	1	1	1	1	1	1	S[2]	1[1]	-	1	1
20	Mut[a]	-	-	-	-	0	1	0	0	-	-	-	-	-
21	Mut[b]	-	-	-	S[1]	3	1	-	-	-	0	0	-	-
22	N	**2**	**2**	**2**	1	0	0	1	1	1	1	1	1	1
23	Nt[a]	**2**	**2**	**2**	-	-	-	**2**	**2**	**2**	-	-	-	-
24	Nt[b]	-	-	-	-	-	-	0	**2**	**2**	-	-	-	-
25	Oudj	-	0	3	-	-	-	-	-	-	-	-	-	-
26	P[a]	0	0	1	-	-	-	-	-	-	-	-	1	1[3]
27	P[b]	-	1	1	-	-	-	-	-	-	-	-	-	-
28	pSchmitt XV	-	-	-	-	-	-	-	-	-	-	**2**	1	S[2]
29	pSchmitt XVIII	-	-	-	-	-	-	-	-	-	-	-	-	-
30	S	-	1	4	3	1	1	3	1[2]	1	1	**2**	1	1
31	S 10 C	-	-	-	0	0	1	-	-	-	0	-	-	-
32	S 14 C	-	-	-	-	0	0	-	-	-	1	-	-	-
33	Sq 3 Be	-	-	-	-	-	-	0	0	-	-	**2**	-	-
34	Sq 3 C	-	-	-	-	-	-	**2**	0	-	-	-	-	-
35	Sq 4 C	-	0	4	0	**2**	**2**	0	0	0	**2**[2]	1	0	0
36	Sq 9 C	-	-	-	-	-	-	0	0	1	-	-	-	-
37	Sq 10 C	-	-	-	-	-	-	-	-	-	-	-	-	-
38	Sq 13 C	-	0	0	0	0	0	-	-	-	-	-	-	-
39	Sq 1 Cop	-	-	-	-	-	-	-	-	-	-	-	-	-
40	Sq 4 Sq	-	-	-	-	-	-	-	-	-	-	-	-	-
41	Sq 12 Sq	-	-	-	-	-	-	-	-	-	-	**2**	-	-
42	Sq 13 Sq	-	1	5	3	1	1	3[1]	1[2]	S[3]	1	**2**	S[1]	1[3]
43	Sq 14 Sq	-	-	-	-	-	-	3[2]	0	-	-	-	-	-
44	T	1	1	1	**2**	**2**	**2**	-	-	-	1	-	1	1
45	T 6 L	-	-	-	-	-	-	-	-	-	-	-	-	-
46	TT 11	-	-	-	-	-	-	-	-	-	-	-	-	-
47	TT 39	-	-	-	-	-	-	-	-	-	-	-	-	-
48	TT 82	-	1	5	1	3	1	3[3]	S[3]	1	1	0	-	-
49	TT 100	-	-	-	1	-	-	-	-	-	-	-	-	-
50	TT 353[a]	-	-	-	1	-	-	-	-	-	-	-	-	-
51	TT 353[b]	-	-	-	1	1	1	-	-	-	-	-	-	-

Vorlage: λ
abhängige Textzeugen: B 9 C und B 10 C^{a}.
Terminus post quem non: Sesostris I. (12. Dyn.)
Lokalisation: al-Birša
Parallelen:

Von λ abhängig sind die Särge B 9 C und B 10 C^{a} des *ʾImn.w-m-ḥ3.t*. Daß B 9 C nicht direkt von B 10 C^{a} kopiert wurde – oder umgekehrt –, was bei zwei zusammengehörigen Särgen immerhin denkbar wäre, beweisen die folgenden Trenndeviationen, die jeweils eine direkte Abhängigkeit ausschließen:

Den Ausschluß der direkten Abhängigkeit des Textzeugen B 10 C^{a} von B 9 C belegt eine Homoioteleuton- *(nčr iś)* bzw. Homoiarktonauslassung *(śẖm=f ḥnʿ=f)* von B 9 C in §§ 2018 b–2019 b. B 10 C^{a} überliefert an dieser Stelle den kompletten Wortlaut des Textes.

Andererseits zeigen §§ 1634 b–1635 a, daß B 9 C nicht direkt von B 10 C^{a} kopiert haben kann, da bei B 10 C^{a} an dieser Stelle eine Homoioteleutonauslassung *(im=k/imi̯=k)* erfolgte, während B 9 C den Text in der ursprünglichen Länge überliefert. Einmal mehr bestätigt sich somit die Annahme von Vorlagen auf Papyrus oder Leder.

B 10 C überliefert noch ein weiteres Mal die Spruchfolge D, jedoch ist der Text bis auf PT 721 B (= CT 516) nicht publiziert und inzwischen verloren gegangen.[16] Eine gemeinsame Differenz von B 10 C^{b} mit B 9 C und B 10 C^{a} gegen N und pSchmitt XVIII in CT VI, 105 a (Dev. 10) bestärkt die naheliegende Vermutung, daß auch B 10 C^{b} in der Nähe von λ eingeordnet werden muß, ohne jedoch einen sicheren Beweis dafür zu liefern.

Dev. 1: § 1632 a (Mitte): *n=k* (1) : ø (2)
Anm. 1: Sq 14 Sq: *n<=k>*

Dev. 2: § 1636 b: *rn=f* (1) → *rn=k* (2)

Dev. 3: § 2025 b: *ib.w nčr.w* (1) → *ib* (2)

Dev. 4: § 611 b: *n św.w* (1) → *św.w* (2) → *niś.n=k* (3)
Anm. 1: S, TT 353^{b}: 𓈖 statt 𓊃 (Verlesung aus dem Hieratischen).
Anm. 2: Sq 4 C: *n[...]*
Anm. 3: TT 82: *n ś{t}<w>.w*

Dev. 5: § 614 d: *m rn=ś* (1) → *ś m rn=k ś r ḥr=k m rn=ś* (2)

16 Vgl. Allen, *Reading a Pyramid*, 10 (Anm. 5).

Dev. 6: § 618 a: *wn r'=k* (1) : ø (2)
Anm. 1: M: *wn[...]*
Anm. 2: S 10 C: *[...]*; an der zerstörten Stelle kann Lesart (1) ergänzt werden.
Anm. 3: Sq 13 Sq: *wn <r'>=k.*

Dev. 7: § 618 b: *n č̣t.n (1)* → *n č̣t (2)*
Anm. 1: B 16 C: *n č̣t[...]*
Anm. 2: Mut^{b}: *m č̣t.w*
Anm. 3: Sq 13 Sq überliefert Lesart (2) wohl unabhängig von B 9 C und B 10 C^{a}.
Anm. 4: TT 82 schreibt für ; Lesart (2) in TT 82 ist wohl unabhängig von B 9 C und B 10 C^{a}.

Dev. 8: § 620 b: *m rn=f* (1) → *m rn=k* (2)
Anm. 1: Sq 13 Sq: *m rn=k nị 'Im.ỉ-Ḫn.w* (eine Textveränderung, die im Gegensatz zu der Veränderung bei B 9 C einen Sinn ergibt; auf B 10 C^{a} ist der Text nach *rn=k* zerstört).

Dev. 9: § 625 d: *bw nb* (1) → *bw* (2)
Anm. 1: B 10 C^{a}: *[b]w*

Dev. 10: CT VI, 105 a: *tp* (1) : *ḥr* (2)

		λ1	λ2	λ3	λ4	λ5	λ6	λ7	λ8	λ9	λ10
		1632a	1636b	2025b	611b	614d	618a	618b	620b	625d	CT VI 105a
1	Ab 1 Le^a	-	-	-	-	-	-	-	-	-	-
2	Ab 1 Le^b	-	0	-	-	-	-	-	-	-	-
3	Aba^a	-	-	-	-	-	-	-	-	-	-
4	Aba^b	-	-	-	-	-	-	-	-	-	-
5	Ap	-	-	0	-	0	0	0	0	-	-
6	B 6 C	-	-	-	-	-	-	-	-	1	-
7	B 9 C	**2**	**2**	**2**	**2**	**2**	**2**	**2**	**2**	**2**	**2**
8	B 10 C^a	**2**	**2**	**2**	**2**	**2**	**2**	**2**	**2**	**2**^{1}	**2**
9	B 10 C^b										**2**
10	B 16 C	-	-	-	1	-	1	0^1	-	-	-
11	B 17 C	-	-	-	-	1	-	-	-	-	-
12	BM 30	-	-	-	-	-	-	-	-	-	-
13	C 405	-	-	-	-	-	-	-	-	-	-
14	CJ 50246	-	-	-	-	-	-	-	-	-	-
15	Ibi^a	-	-	-	-	-	-	-	-	-	-
16	Ibi^b	-	-	-	-	-	-	-	-	-	-
17	L 1 Li	0	0	-	-	-	-	-	-	-	-
18	Lahun A	-	-	-	-	-	-	-	-	-	-
19	M	1	1	-	1	1	1^1	1	0	1	-
20	Mut^a	0	-	-	3	1	1	0	-	-	-
21	Mut^b	-	-	-	3	1	1	S^2	0	-	-
22	N	1	1	0	0	0	0	0	1	1	1
23	Nt^a	1	1	-	-	-	-	-	-	-	-
24	Nt^b	1	-	-	-	-	-	-	-	-	-
25	Oudj	-	-	-	-	-	-	-	-	-	-
26	P^a	-	-	-	-	-	-	-	-	1	-
27	P^b	-	-	-	-	-	-	-	-	-	-
28	pSchmitt XV	-	-	1	-	-	-	-	-	1	-
29	pSchmitt XVIII	-	-	-	-	-	-	-	-	-	1
30	S	1	-	1	S^1	1	1	1	1	1	-
31	S 10 C	-	-	-	1	0	1^2	1	0	-	-
32	S 14 C	-	-	-	-	0	0	1	0	-	-
33	Sq 3 Be	-	-	-	-	-	-	-	-	-	-
34	Sq 3 C	-	-	-	-	-	-	-	-	-	-
35	Sq 4 C	0	0	1	1^2	1	1	0	1	0	-
36	Sq 9 C	0	0	-	-	-	-	-	-	-	-
37	Sq 10 C	-	-	-	-	-	-	-	-	-	-
38	Sq 13 C	-	-	-	1	0	0	0	-	-	-
39	Sq 1 Cop	-	-	-	-	-	-	-	-	-	-
40	Sq 4 Sq	-	-	-	-	-	-	-	-	-	-
41	Sq 12 Sq	-	-	1	-	-	-	-	-	-	-
42	Sq 13 Sq	1	-	1	1	1	1^3	2^3	2^1	1	-
43	Sq 14 Sq	S^1	0	-	-	-	-	-	-	-	-
44	T	-	-	-	1	1	1	1	1	1	-
45	T 6 L	-	-	-	-	-	-	-	-	-	-
46	TT 11	-	-	-	-	-	-	-	-	-	-
47	TT 39	-	-	-	-	-	-	-	-	-	-
48	TT 82	1	-	-	S^3	1	1	2^4	-	-	-
49	TT 100	-	-	-	-	-	-	-	-	-	-
50	TT 353^a	-	-	-	-	-	-	-	-	-	-
51	TT 353^b	-	-	-	S^1	1	-	-	-	-	-

Vorlage:	μ
abhängige Textzeugen:	ν (mit S und indirekt Sq 12 Sq, Sq 13 Sq, Sq 14 Sq, Lahun A, pSchmitt XV, Muta, Mutb) und ξ (indirekt mit B 16 C, B 17 C, S 10 C, S 14 C, TT 82, TT 353b, Muta, Mutb); abhängig, aber nicht genau einzuordnen: Ab 1 Leb, Sq 9 C, Sq 10 C, TT 39[17], TT 353a.
Terminus post quem non:	Sesostris I. (12. Dyn.)
Lokalisation:	Saqqara/al-Lišt (?)
Parallelen:	Vorlage δ in CT 151 Vorlage ι in CT 30–32 + 33–37[18]

Durch zahlreiche verbindende Deviationen gut belegt ist die Vorlage μ. Von ihr abhängig sind Vorlagen, die u. a. für Textzeugen des Mittleren Reiches außerhalb von Saqqara benutzt wurden: Am nächsten stehend ist ν mit S (aus al-Lišt), weiter entfernt von μ sind die mittelägyptischen Textzeugen. Dieser Sachverhalt deutet zunächst darauf hin, daß μ in al-Lišt lokalisiert werden könnte; jedoch ist zu beachten, daß auch spätzeitliche Textzeugen aus Saqqara indirekt von μ abhängen (Sq 12 Sq, Sq 13 Sq, Sq 14 Sq), so daß eine Lokalisation von μ (und ν, σ und τ) in Saqqara wahrscheinlicher sein dürfte.

Eine Parallele zu μ bildet die Vorlage δ aus CT 151 (Abb. 4), von der auch Textzeugen des Mittleren Reiches aus al-Lišt und Asyut (ebenfalls S 14 C) sowie Textzeugen der Spätzeit (ebenfalls Sq 13 Sq) abhängen.

Sq 3 Be liest in § 2023 b wie B 9 C und B 10 Ca *mwt.w*, während die von μ abhängigen Textzeugen *št3.w ś.wt* überliefern. Daher ist Sq 3 Be unterhalb von ι gleichwertig neben μ einzuordnen. Jedoch ist zu beachten, daß Sq 3 Be mehrfach singuläre Fehler überliefert und deshalb vermutlich noch mehrere Vorlagen zwischen Sq 3 Be und ι anzusetzen sind.

Dev. 1: § 1632 a: *św* (1) : *św ẖr=k* (2)
Anm. 1: Ntb:  (?)
Anm. 2: S hat *kś.w ẖr=k* ausgelassen (Homoioteleuton).

Dev. 2: § 1633 b: *Ḥr.w ἰr=k nč.n Ḥr.w* (1) → ø (2)
Anm. 1: B 10 Ca: *[Ḥr.w ἰr=k nč.n] Ḥr.w*

Dev. 3: § 1635 b: *3ś.t* (1) : *śn.t=k 3ś.t* (2) (Lesart (2) evtl. durch Assoziation mit § 632 a)

Dev. 4: § 591 b: *nḥm.n Ḥr.w* (1) : *nḥm.n=f* (2)
Anm. 1: B 9 C: *n[...] Ḥr.w*
Anm. 2: Sq 4 C: *[...].n Ḥr.w*

Dev. 5: § 591 c: *ἰtn* (1) : *tἰ* (2)

17 Vgl. Vorlage ρ.

18 Mit Textzeugen aus al-Lišt, al-Birša und Asyut; vgl. Jürgens, *Grundlinien einer Überlieferungsgeschichte*, 199.

Dev. 6: § 591 c: *ḥ(w)* (1) : ø (2)

Dev. 7: § 592 b: *ỉb Ḥr.w* (1) : *ỉb nı̣ Ḥr.w* (2)
Anm. 1: P[b] dürfte unabhängig von Vorlage µ Lesart (2) überliefern.

Dev. 8: § 614 c: *ẖft.ỉ=k nb* (1) : *ẖft.ỉw=k nb.w* (2)
Anm. 1: Ap: *[...]=k {k}* <*nb*>
Anm. 2: S 10 C: *ẖft.ỉw=k*
Anm. 3: Sq 13 Sq: Lesart (1) ist vermutlich nachträglich aus Lesart (2) entstanden.
Anm. 4: TT 353[b]: *ẖft.ỉw=k nb.w č̣r*

Dev. 9: § 619 a: *nčr śẖm* (1) : *nčr śẖm wʿ.tỉ* (2)
Anm. 1: B 10 C[a]: *nčr śẖm [...]*; Platzgründe sprechen für Lesart (1).
Anm. 2: B 16 C: Nach *śẖm* dürfte *wʿ.t(ỉ)*  zu lesen sein (vgl. Möller, *Paläographie*, I, 43 (463: Hatnub).
Anm. 3: Mut[b]: *nčr ʿ3 śẖm ʿ3.*
Anm. 4: TT 82: *nčr śẖm wʿ(.tỉ).*

Dev. 10: § 620 c: *wčs=f* (1) : *wčs.n=f* (2)
Anm. 1: B 10 C[a]: *čs=f*
Anm. 2: B 16 C: Lesart (1) ist vermutlich nachträglich aus Lesart (2) entstanden.

Dev. 11: § 2020 b: *pśč̣.tỉ* (1) : *pśč̣.t* (2)
Anm. 1: pSchmitt XV: *pśč̣.t ʿ3.t*

Dev. 12: § 2021 a: *wn=k* (Subjunktiv) (1) → *wnn=k* (2)
Anm. 1: Sq 12 Sq, Sq 13 Sq: Lesart (1) ist vermutlich durch Konjektur nachträglich aus Lesart (2) entstanden.

Dev. 13: § 2023 b: *mwt.w* (1) : *št3.w ś.wt* (2)
Anm. 1: B 10 C[a]: *m[...]*
Anm. 2: Sq 3 Be: *m(w)t(.w)*
Anm. 3: Sq 12 Sq, Sq 13 Sq: *št3(.w) ś.wt*

Dev. 14: § 2028 c: *ỉr=k ỉmn=k* (1) : *ỉr=k mn=k* (2) → *ỉr=k mn+w=k* (3)
Anm. 1: Sq 4 C: *ỉr=k ỉmn.w=k*
Anm. 2: Sq 12 Sq: *ỉr=k* 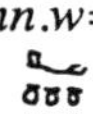 (aus Lesart (3) verschrieben)
Anm. 3: Sq 13 Sq: *ỉr=k*  (aus Lesart (3) verschrieben)

		μ1	μ2	μ3	μ4	μ5	μ6	μ7	μ8	μ9	μ10	μ11	μ12	μ13	μ14
		1632a	1633b	1635b	591b	591c	591c	592b	614c	619a	620c	2020b	2021a	2023b	2028c
1	Ab 1 Le[a]	-	-	-	-	-	-	-	-	-	-	-	-	-	-
2	Ab 1 Le[b]	-	-	**2**	-	-	-	-	-	-	-	-	-	-	-
3	Aba[a]	-	-	-	-	-	-	-	-	-	-	-	-	-	-
4	Aba[b]	-	-	-	-	-	-	-	-	-	-	-	-	-	-
5	Ap	-	-	-	-	-	-	-	0[1]	1	0	0	0	0	0
6	B 6 C	-	-	-	-	-	-	-	-	-	-	-	-	-	2
7	B 9 C	0	1	1	1[1]	0	0	1	0	0	0	1	1	1	0
8	B 10 C[a]	1	1[1]	1	1	0	1	1	1	1[1]	1[1]	1	1	1[1]	2
9	B 10 C[b]														
10	B 16 C	-	-	-	-	-	-	-	-	**2**[2]	1[2]	-	-	-	-
11	B 17 C	-	-	-	-	-	-	-	**2**	-	-	-	-	-	-
12	BM 30	-	-	-	-	-	-	-	-	-	-	-	-	-	-
13	C 405	-	-	-	-	-	-	-	-	-	-	-	-	-	-
14	CJ 50246	-	-	-	-	-	-	-	-	-	-	-	-	-	-
15	Ibi[a]	-	-	-	-	-	-	-	-	-	-	-	-	-	-
16	Ibi[b]	-	-	-	-	-	-	-	-	-	-	-	-	-	-
17	L 1 Li	0	0	0	-	-	-	-	-	-	-	-	-	-	-
18	Lahun A	-	-	-	-	-	-	-	-	-	-	-	-	-	-
19	M	1	1	1	1	1	0	1	1	1	1	-	-	-	-
20	Mut[a]	0	0	0	-	-	-	-	0	0	-	-	-	-	-
21	Mut[b]	-	-	-	-	-	-	-	**2**	S[3]	2	2	0	-	-
22	N	1	1	1	1	1	1	1	0	0	0	1	1	0	1
23	Nt[a]	1	1	1	1	1	1	1	-	-	-	-	-	-	-
24	Nt[b]	S[1]	0	1	-	-	-	-	-	-	-	-	-	-	-
25	Oudj	-	-	-	0	1	0	0	-	-	-	-	-	-	-
26	P[a]	-	-	-	0	0	1	1	-	-	-	-	-	-	-
27	P[b]	-	-	-	1	1	1	2[1]	-	-	-	-	-	-	-
28	pSchmitt XV	-	-	-	-	-	-	-	-	-	-	S[1]	**2**	**2**	-
29	pSchmitt XVIII	-	-	-	-	-	-	-	-	-	-	-	-	-	-
30	S	**2**[2]	**2**	**2**	**2**	**2**	**2**	**2**	**2**	**2**	**2**	**2**	**2**	**2**	**3**
31	S 10 C	-	-	-	-	-	-	-	**2**[2]	0	**2**	-	-	-	-
32	S 14 C	-	-	-	-	-	-	-	0	0	0	-	-	-	-
33	Sq 3 Be	-	0	-	-	-	-	-	-	-	-	-	-	1[2]	-
34	Sq 3 C	-	1	-	-	-	-	-	-	-	-	-	-	-	-
35	Sq 4 C	0	0	0	1[2]	0	1	0	1	1	0	0	0	0	S[1]
36	Sq 9 C	0	0	**2**	-	-	-	-	-	-	-	-	-	-	-
37	Sq 10 C	-	-	-	-	-	-	-	-	-	-	-	-	-	-
38	Sq 13 C	-	-	-	0	0	0	0	0	-	-	-	-	-	-
39	Sq 1 Cop	-	-	-	-	-	-	-	-	-	-	-	-	-	-
40	Sq 4 Sq	-	-	-	-	-	-	-	-	-	-	-	-	-	-
41	Sq 12 Sq	-	-	-	-	-	-	-	-	-	-	**2**	1[1]	**2**[3]	**3**[2]
42	Sq 13 Sq	**2**	**2**	**2**	**2**	**2**	**2**	**2**	1[3]	**2**	**2**	**2**	1[1]	**2**[3]	**3**[3]
43	Sq 14 Sq	**2**	**2**	**2**	-	-	-	-	-	-	-	-	-	-	-
44	T	-	-	-	1	1	1	1	1	1	1	-	-	-	-
45	T 6 L	-	-	-	-	-	-	-	-	-	-	-	-	-	-
46	TT 11	-	-	-	-	-	-	-	-	-	-	-	-	-	-
47	TT 39	-	-	-	-	-	-	-	-	-	-	-	-	**2**	**3**
48	TT 82	**2**	**2**	**2**	**2**	**2**	**2**	**2**	**2**	**2**[4]	0	**2**	**2**	-	-
49	TT 100	-	-	-	-	-	-	-	-	-	-	-	-	-	-
50	TT 353[a]	-	-	-	-	-	-	-	-	-	-	-	-	-	**3**
51	TT 353[b]	-	-	-	-	-	-	-	**2**[4]	-	-	-	-	-	-

Vorlage:	ν
abhängige Textzeugen:	S und σ (indirekt mit Sq 12 Sq, Sq 13 Sq, Sq 14 Sq, Lahun A, pSchmitt XV, Mut[a], Mut[b]); abhängig, aber nicht genau einzuordnen: Ibi[b], pSchmitt XVIII, T 6 L sowie Ibi[a] und BM 30 (vgl. unter 6. Anm. 5).
Terminus post quem non:	Sesostris I. (12. Dyn.)
Lokalisation:	Saqqara/al-Lišt (?)
Parallelen:	Vorlage ζ aus PT 302–312

ν ist abhängig von μ. Das Stemma zeigt, daß Kopien von ν noch in der Spätzeit in Saqqara kursierten (vgl. die von ν abhängigen Vorlagen σ und τ). Daher dürfte ν in Saqqara zu lokalisieren sein (es sei denn, man nähme an, daß im Mittleren Reich die Vorlagen aus Saqqara komplett nach al-Lišt gebracht wurden und in der Spätzeit wieder zurück nach Saqqara gelangten). Direkt von ν scheint S abzuhängen. Vermutlich gelangte eine Abschrift von ν aus Saqqara nach al-Lišt und wurde dort von S und weiteren nicht erhaltenen/noch nicht publizierten Textzeugen kopiert.

Die Verzweigung ν ist auch im Stemma zu PT 302–312 (Abb. 3) greifbar: Dort hängen S und Q 1 Q einerseits und der spätzeitliche Textzeuge TT 33 andererseits von einer mit ζ bezeichneten Vorlage ab.

Die Deviationen 1–8 belegen die Abhängigkeit der stemmatisch einordbaren Textzeugen S und σ von ν. Die Deviationen 9–10 und 12–14 zeigen die Verbindung zwischen S und σ einerseits und pSchmitt XVIII andererseits auf, ohne daß letzterer genau eingeordnet werden könnte. Deviation 11 belegt die überlieferungsgeschichtliche Nähe von S, pSchmitt XVIII, Ibi[b] und T 6 L.

Dev. 1: § 1632 c: *nčr.w* (1) : *nčr* (2)

Dev. 2: § 609 c: *m ỉr.t=f* (1) : ø (2) → *m nčr* (3)
Anm. 1: Mut[b]: *m ỉr.tỉ=f* (entstanden aus Lesart (1)).

Dev. 3: § 613 a: *ḥr=k* (1) : *n=k ḥr=k* (2)

Dev. 4: § 615 d: *n bỉ3.n=śn* (1) : *nn bỉ3.y ỉm=śn* (2) : *n(n) bỉ3 ỉm=śn* (3) (Assoziation mit § 590 c) → *n(n) bỉ3.wt=śn* (4)

Dev. 5: § 617 a: *ʿ.wt=k* (1) : *ʿ.wt=k nb.wt* (2)
Anm. 1: N: *[...]=k*; hinter dem Suffix ist kein Platz, um *nb.wt* zu ergänzen.

Dev. 6: § 619 b: *mś.w=f* (1) : *mś.w=f ẖr=k* (2)

Dev. 7: § 2018 a: *nčr ỉś* (1) : *nčr* (2)
Anm. 1: Ap: *nčr=ś* (vermutlich aus Lesart (1) entstanden).

Dev. 8: § 2024 b: *tm-ḥr.i͗=k* (1) : *tm-ḥr* (2) (vgl. Faulkner, *Pyramid Texts*, 291).
Anm. 1: pSchmitt XV: *i͗.tm.w nn ḥr*.

Dev. 9: § 655 a: *ḫśč̣* (1) : *ḫśč̣č̣=f* (2)
Anm. 1: B 10 Ca: *ḫśč̣[...]*; vermutlich Lesart (1), da B 10 Ca und B 9 C von einer gemeinsamen Vorlage abhängen.
Anm. 2: pSchmitt XV, Sq 13 Sq: *ḫśč̣č̣{.t}=f*.
Anm. 3: pSchmitt XVIII: *ḫśṯ=f*.
Anm. 4: S: *ḫśṯṯ=f*.

Dev. 10: § 655 b: *ʿ3.w* (1) : *ʿ3.wi͗* (2)
Anm. 1: BM 30: Lesart (1) ist vermutlich erst nachträglich aus Lesart (2) entstanden.

Dev. 11: § 656 c: *ḫnt* (1) : *m ḫnt* (2)
Anm. 1: Ibia: *m* dürfte wohl erst nachträglich ausgefallen sein.
Anm. 2: pSchmitt XVIII: *m ḫnt.i͗*.

Dev. 12: CT VI, 103 c: ø (1) : *ḫr k3=f* (2)

Dev. 13: CT VI, 103 f: *swr* (1) : *ś:ʿm* (2)

Dev. 14: CT VI, 103 g: *i͗m* (1) : ø (2)

	v1 1632c	v2 609c	v3 613a	v4 615d	v5 617a	v6 619b	v7 2018a	v8 2024b	v9 655a	v10 655b	v11 656c	v12 CT VI 103c	v13 CT VI 103f	v14 CT VI 103g
Ab 1 Le[a]	-	-	-	-	-	-	-	-	-	-	-	-	-	-
Ab 1 Le[b]	-	-	-	-	-	-	-	-	-	-	-	-	-	-
Aba[a]	-	-	-	-	-	-	-	-	-	-	-	-	-	-
Aba[b]	-	-	-	-	-	-	-	-	-	-	-	-	-	-
Ap	-	-	0	0	0	0	S[1]	1	-	-	-	-	-	-
B 6 C	-	-	-	-	-	-	-	-	-	-	-	-	-	-
B 9 C	1	2	0	1	0	0	1	1	1	1	1	1	0	1
B 10 C[a]	1	0	1	0	1	1	0	0	(1)[1]	0	0	1	0	1
B 10 C[b]												0	1	1
B 16 C	-	1	1	1	1	1	-	-	-	-	-	-	-	-
B 17 C	-	-	-	-	-	-	-	-	-	-	-	-	-	-
BM 30	-	-	-	-	-	-	-	-	-	1[1]	-	-	-	-
C 405	-	-	-	-	-	-	-	-	-	-	-	-	-	-
CJ 50246	-	-	-	-	-	-	-	-	-	-	-	-	-	-
Ibi[a]	-	-	-	-	-	-	-	-	-	-	1[1]	-	-	-
Ibi[b]	-	-	-	-	-	-	-	-	-	-	**2**	-	-	-
L 1 Li	0	-	-	-	-	-	-	-	-	-	-	-	-	-
Lahun A	-	-	-	-	-	-	-	-	-	-	-	-	-	-
M	1	1	1	1	1	0	-	-	1	1	1	-	-	-
Mut[a]	0	-	1	4	0	-	-	-	-	-	-	-	-	-
Mut[b]	-	S[1]	1	4	**2**	0	**2**	-	-	-	-	-	-	-
N	1	1	1	1	1[1]	0	1	1	1	1	1	0	1	0
Nt[a]	1	-	-	-	-	-	-	-	-	-	-	-	-	-
Nt[b]	1	-	-	-	-	-	-	-	-	-	-	-	-	-
Oudj	-	-	-	-	-	-	-	-	-	-	-	-	-	-
P[a]	-	-	-	-	-	-	-	-	-	-	-	-	-	-
P[b]	-	-	-	-	-	-	-	-	-	-	-	-	-	-
pSchmitt XV	-	-	-	-	-	-	**2**	S[1]	**2**[2]	**2**	-	-	-	-
pSchmitt XVIII	-	-	-	-	-	-	-	-	**2**[3]	**2**	**2**[2]	**2**	**2**	**2**
S	**2**	**3**	**2**	**3**	**2**	**2**	**2**	**2**	**2**[4]	**2**	**2**	**2**	**2**	**2**
S 10 C	-	0	1	1	1	1	-	-	-	-	-	-	-	-
S 14 C	-	-	-	0	0	1	-	-	-	-	-	-	-	-
Sq 3 Be	-	-	-	-	-	-	1	-	-	-	-	-	-	-
Sq 3 C	-	-	-	-	-	-	-	-	-	-	-	-	-	-
Sq 4 C	0	0	0	0	1	1	0	0	0	0	0	0	0	0
Sq 9 C	0	-	-	-	-	-	-	-	-	-	-	-	-	-
Sq 10 C	-	-	-	-	-	-	-	-	-	-	-	-	-	-
Sq 13 C	-	0	0	0	0	-	-	-	-	-	-	-	-	-
Sq 1 Cop	-	-	-	-	-	-	-	-	-	-	-	-	-	-
Sq 4 Sq	-	-	-	-	-	-	-	-	-	-	-	-	-	-
Sq 12 Sq	-	-	-	-	-	-	**2**	**2**	-	-	-	-	-	-
Sq 13 Sq	**2**	**3**	**2**	**3**	**2**	**2**	**2**	**2**	**2**[2]	**2**	-	-	-	-
Sq 14 Sq	**2**	-	-	-	-	-	-	-	-	-	-	-	-	-
T	-	2	1	1	1	1	-	-	1	1	1	-	-	-
T 6 L	-	-	-	-	-	-	-	-	-	-	**2**	-	-	-
TT 11	-	-	-	-	-	-	-	-	-	-	-	-	-	-
TT 39	-	-	-	-	-	-	-	-	-	-	-	-	-	-
TT 82	1	1	-	2	1	0	0	-	-	-	-	-	-	-
TT 100	-	1	-	-	-	-	-	-	-	-	-	-	-	-
TT 353[a]	-	1	-	-	-	-	-	-	-	-	-	-	-	-
TT 353[b]	-	1	1	2	1	-	-	-	-	-	-	-	-	-

Vorlage:	ξ
abhängige Textzeugen:	o (mit B 16 C, B 17 C und indirekt mit S 10 C, S 14 C) und ρ (mit TT 82, TT 353b und indirekt mit Muta, Mutb).
Terminus post quem non:	12. Dyn.
Lokalisation:	Mittelägypten (?)
Parallelen:	vgl. in CT 179 die stemmatische Verbindung zwischen S 10 C und TT 87;[19] vgl. die bislang nur in S 1 S und TT 353 belegte Verklärungsliturgie Nr. 7.[20]

Von ξ sind Abschriften abhängig, die als Vorlagen für Textzeugen des Mittleren Reiches in Mittelägypten und des Neuen Reiches bzw. der 26. Dyn. in Theben dienten. Ob ξ noch in Saqqara oder im mittelägyptischen Raum zu lokalisieren ist, kann allein aus dem Stemma von Spruchfolge D nicht entschieden werden. Jedoch zeigen die oben aufgeführten Parallelen, daß thebanische Textzeugen des Neuen Reiches des öfteren mit mittelägyptischen Textzeugen des Mittleren Reiches auf eine gemeinsame Vorlage zurückgehen. Es scheint daher naheliegend, die gemeinsame Vorlage im mittelägyptischen Raum (und zwar wahrscheinlicher in Asyut als in al-Birša) zu vermuten.

Dev. 1: § 614 a: nach *ʿnč̣.ti* : ø (1) : *ḫnt.i śp3.wt i3b.twt* (2) (Assoziation zu § 220 c)
Anm. 1: TT 82: Lesart (1) ist vermutlich nachträglich aus Lesart (2) entstanden. Allerdings ist auch eine Kontamination aus den Vorlagen ρ und τ nicht auszuschließen.

Dev. 2: § 614 d: *w3ḥ.t nčr* (1) → *w3ḥ.t* (2)
Anm. 1: B 10 Ca: *w3ḥ(.t) nčr*.
Anm. 2: Sq 13 Sq: *mč̣.t*.

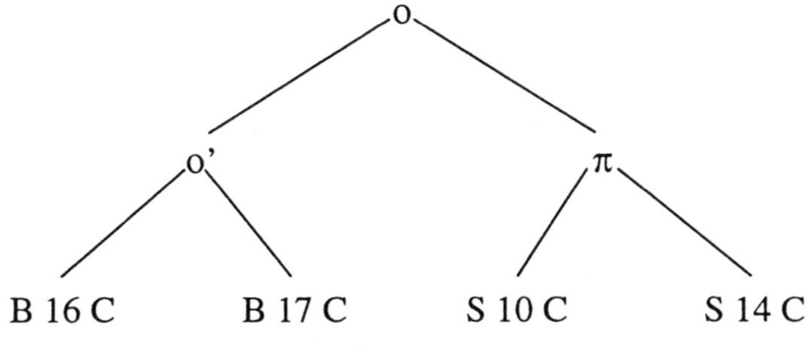

Abb. 6: Hypothetische Stemmaverzweigung unterhalb von o.

19 Gestermann, *Spätzeitliche Bezeugungen*, 128.
20 Kahl, *Textidentifizierung*, 41–42.

Vorlage:	ο
abhängige Textzeugen:	B 16 C, B 17 C und π (mit S 10 C, S 14 C).
Terminus post quem non:	12. Dyn.
Terminus ante quem non:	*W3ḥ-k3-Rʿw Ḫty* (9./10. Dyn.)
Lokalisation:	Mittelägypten (al-Birša oder Asyut)
Parallelen:	Vorlage κ in CT 30–32 + 33–37[21]
	Vorlage κ in CT 162 + 164[22]
	Vorlage κ in CT 225 + 226[23]
	Vorlage κ in CT 343 + 345[24]

ο ist als Vorlage für B 16 C und π mehrfach gesichert, und auch der Sarg B 17 C, der wie B 16 C dem *im.i r'pr.w wr Nfr.i* gehört, kann trotz seiner geringen Textlänge unterhalb von ο eingeordnet werden.

Für die Datierung von ο ist B 16 C aufschlußreich: An manchen Stellen ließ der Kopist den Königsnamen *W3ḥ-k3-Rʿw Ḫty* stehen.[25] Dies bedeutet, daß entweder ο oder, was wahrscheinlicher sein dürfte, eine der früheren Vorlagen, von denen ο abhängt (ξ, μ, ι oder γ), für diesen König angefertigt worden war.[26] Damit kann ο in die Zeit zwischen *W3ḥ-k3-Rʿw Ḫty* und die 12. Dyn. (S 10 C, S 14 C: 12. Dyn.; B 16 C, B 17 C: Sesostris II. – Sesostris III.) datiert werden.

Ob ο in al-Birša oder in Asyut zu lokalisieren ist, kann mit Hilfe des Stemmas nicht entschieden werden: Da B 16 C und B 17 C nur mangels ausreichender gemeinsam überlieferter Textlänge keine verbindenden Deviationen gegen S 10 C und S 14 C haben dürften, ist anzunehmen, daß sie realiter von einer gemeinsamen Vorlage unterhalb von ο abhingen (s. Abb. 6).[27] Wenn diese Vermutung zutrifft, ist nicht mehr festzustellen, ob ο in al-Birša oder in Asyut aufbewahrt wurde.

Dev. 1: § 614 d: *tm.ti m ir.t=f* (1) → *m ir.t=f tm.ti* (2)
Anm. 1: B 17 C: *m ir.t<=f> tm.t(i)*
Anm. 2: Mut^a, Mut^b: *tm tw m ir.t=f*
Anm. 3: S 10 C: *m ir.t=f tm[...]*
Anm. 4: Sq 4 C: *tm[...]ir.t=f*
Anm. 5: TT 82: *tm.y*
Anm. 6: TT 353^b: *tm.y m ir.t=f*

21 Vgl. Jürgens, *Grundlinien einer Überlieferungsgeschichte*, 199.
22 Vgl. Jürgens, *Grundlinien einer Überlieferungsgeschichte*, 97.
23 Vgl. Jürgens, *Grundlinien einer Überlieferungsgeschichte*, 211.
24 Vgl. Jürgens, *Grundlinien einer Überlieferungsgeschichte*, 221.
25 Allen, *Funerary Texts*.
26 Vgl. dazu 8.1 Exkurs.
27 Die hypothetische Vorlage ο' entspräche in diesem Fall der Vorlage ξ in CT 30–32 + 33–37 (vgl. Jürgens, *Grundlinien einer Überlieferungsgeschichte*, 199).

Dev. 2: § 616 d: *m rn=ś ni̯ ḳrśw.t/č̣rw.t* (1) → ø (§ 616 f Anf. folgt) (2)
Anm. 1: B 16 C: Die Zeichen dürften § 616 f (Anf.) entsprechen.
Anm. 2: Sq 4 C: *m [...]*.

Dev. 3: § 616 e: *m rn=ś ni̯ ḳrś.w* (u. ä.) (1) → ø (2)

Dev. 4: § 616 f: *m rn=ś ni̯ ỉʿ* (u .ä.) (1) → ø (2)

Dev. 5: § 621 c: *śḫm.tỉ* (1) : *śḫm.tỉ ḫnt śḫm.w* (2)
Anm. 1: Ap: Zeilenende nach *śḫm.tỉ*.
Kommentar: Mangels Bezeugung durch Textzeugen, die von ρ abhängig sind (TT 82, TT 353b), ist nicht auszuschließen, daß Dev. 5 bereits in Vorlage ξ enthalten war.
Anm. 2: Mutb: Die Länge der Zerstörung spricht für Assmanns Ergänzung (Assmann, *Mutirdis*, 96, Z. 17) und somit für Lesart (1).

Vorlage:	π
abhängige Textzeugen:	S 10 C, S 14 C
Terminus post quem non:	12. Dyn.
Terminus ante quem non:	*W3ḥ-k3-Rʿw Ḫty* (9./10. Dyn.)
Lokalisation:	Asyut
Parallelen:	Vorlage ν in CT 30–32 + 33–37[28]
	Vorlage ν in CT 162 + 164[29]
	Vorlage ν in CT 225 + 226[30]
	Vorlage ν in CT 343 + 345[31]

π ist eine Vorlage, von der nur Textzeugen aus Asyut abhängen, weshalb π auch dort lokalisiert werden kann. Da π von o abhängt, kann als Terminus ante quem non für das Alter der Vorlage wiederum der König *W3ḥ-k3-Rʿw Ḫty* angesetzt werden (vgl. Vorlage o).

Dev. 1: § 621 c: *w3š.tỉ* (1) → *w3<š>.tỉ* (2)
Anm. 1: Mutb: *ś:w3š=č*.

28 Vgl. Jürgens, *Grundlinien einer Überlieferungsgeschichte*, 199.
29 Vgl. Jürgens, *Grundlinien einer Überlieferungsgeschichte*, 97.
30 Vgl. Jürgens, *Grundlinien einer Überlieferungsgeschichte*, 211.
31 Vgl. Jürgens, *Grundlinien einer Überlieferungsgeschichte*, 221.

Vorlage:	ρ
abhängige Textzeugen:	TT 82, TT 353[b] und vermutlich φ (mit Mut[a], Mut[b])
Terminus post quem non:	Hatschepsut (18. Dyn.)
Lokalisation:	Theben-West
Parallelen:	

ρ ist durch mehrere Deviationen gut rekonstruierbar und zeigt, daß die Textzeugen des Neuen Reiches von einem mittelägyptischen Überlieferungsstrang (ξ) abhängen. Dagegen folgen die Textzeugen der Spätzeit einer in Saqqara zu lokalisierenden Überlieferung (σ) oder sind aus beiden Überlieferungssträngen kontaminiert (Mut[a], Mut[b]).

Vermutlich sind auch TT 39 und TT 353[a], die mit Sicherheit unterhalb von μ eingeordnet werden können, in die Nähe von ρ zu setzen (TT 353[a] hängt nicht von ν ab (vgl. 7. Vorlage ν, Dev. 2); TT 39 und TT 353[a] verbindet eine Deviation in § 2028 b, wo beide Textzeugen *r w3i̯.wt* statt m *m w3i̯.wt* lesen; TT 353[b] und TT 82 überliefern diese Stelle nicht).

Dev. 1: § 614 d: *tm.tỉ* (1) → *tm.y* (2) → *tm tw* (3)

Dev. 2: § 615 d: *n bỉ3.n=śn* (1) : *nn bỉ3.y ỉm=śn* (2) : *n(n) bỉ3 ỉm=śn* (3) → *n(n) bỉ3.wt=śn* (4)

Dev. 3: § 616 b: *(i.)ḳṭ.w* (1) → *mṭw.t* (2)
Anm. 1: B 9 C:  .
Anm. 2: B 10 C[a]: *sẖ3.ww.*
Anm. 3: B 16 C: *ỉ.*
Anm. 4: Sq 13 Sq: *ḳṭ.*
Kommentar: Mangels Bezeugung durch Textzeugen, die von ο abhängen (B 16 C, B 17 C, S 10 C, S 14 C), ist nicht auszuschließen, daß Dev. 3 bereits in Vorlage ξ geschrieben war.

Dev. 4: § 616 d: (vor *m rn=ś*): ø (1) → *nčr=ś ỉm=k* (2)
Anm. 1: B 10 C[a], Sq 13 C: Platzgründe sprechen für Lesart (1).
Kommentar: Mangels Bezeugung durch Textzeugen, die von ο abhängen (B 16 C, B 17 C, S 10 C, S 14 C), ist nicht auszuschließen, daß Dev. 4 bereits in Vorlage ξ geschrieben war.

		ξ1	ξ2	o1	o2	o3	o4	o5	π1	ρ1	ρ2	ρ3	ρ4
		614a	614d	614d	616d	616e	616f	621c	621c	614d	615d	616b	616d
1	Ab 1 Le^{a}	-	-	-	-	-	-	-	-	-	-	-	-
2	Ab 1 Le^{b}	-	-	-	-	-	-	-	-	-	-	-	-
3	Aba^{a}	-	-	-	-	-	-	-	-	-	-	-	-
4	Aba^{b}	-	-	-	-	-	-	-	-	-	-	-	-
5	Ap	0	0	0	1	1	0	1^{1}	0	0	0	0	1
6	B 6 C	-	-	-	-	-	-	-	-	-	-	-	-
7	B 9 C	0	0	0	1	1	1	0	0	0	1	S^{1}	1
8	B 10 C^{a}	1	1^{1}	1	1	1	1	0	1	1	0	S^{2}	1^{1}
9	B 10 C^{b}												
10	B 16 C	**2**	**2**	-	$\mathbf{2}^{1}$	**2**	**2**	**2**	1	-	1	S^{3}	-
11	B 17 C	-	**2**	$\mathbf{2}^{1}$	-	-	-	-	-	1	-	-	-
12	BM 30	-	-	-	-	-	-	-	-	-	-	-	-
13	C 405	-	-	-	-	-	-	-	-	-	-	-	-
14	CJ 50246	-	-	-	-	-	-	-	-	-	-	-	-
15	Ibi^{a}	-	-	-	-	-	-	-	-	-	-	-	-
16	Ibi^{b}	-	-	-	-	-	-	-	-	-	-	-	-
17	L 1 Li	-	-	-	-	-	-	-	-	-	-	-	-
18	Lahun A	-	-	-	-	-	-	-	-	-	-	-	-
19	M	1	1	1	1	1	1	0	0	1	1	1	1
20	Mut^{a}	1	0	1^{2}	0	1	1	-	-	3	4	0	0
21	Mut^{b}	1	**2**	1^{2}	1	1	1	1^{2}	S^{1}	3	4	0	**2**
22	N	0	1	0	0	0	0	0	0	0	1	0	0
23	Nt^{a}	-	-	-	-	-	-	-	-	-	-	-	-
24	Nt^{b}	-	-	-	-	-	-	-	-	-	-	-	-
25	Oudj	-	-	-	-	-	-	-	-	-	-	-	-
26	P^{a}	-	-	-	-	-	-	-	-	-	-	-	-
27	P^{b}	-	-	-	-	-	-	-	-	-	-	-	-
28	pSchmitt XV	-	-	-	-	-	-	-	-	-	-	-	-
29	pSchmitt XVIII	-	-	-	-	-	-	-	-	-	-	-	-
30	S	1	1	1	1	1	1	1	1	1	3	1	1
31	S 10 C	**2**	0	$\mathbf{2}^{3}$	**2**	**2**	**2**	**2**	**2**	0	1	0	-
32	S 14 C	0	0	0	**2**	0	0	**2**	**2**	0	0	0	-
33	Sq 3 Be	-	-	-	-	-	-	-	-	-	-	-	-
34	Sq 3 C	-	-	-	-	-	-	-	-	-	-	-	-
35	Sq 4 C	1	1	1^{4}	1^{2}	1	1	1	1	0	0	1	0
36	Sq 9 C	-	-	-	-	-	-	-	-	-	-	-	-
37	Sq 10 C	-	-	-	-	-	-	-	-	-	-	-	-
38	Sq 13 C	0	0	0	1	0	1	-	-	0	0	0	1^{1}
39	Sq 1 Cop	-	-	-	-	-	-	-	-	-	-	-	-
40	Sq 4 Sq	-	-	-	-	-	-	-	-	-	-	-	-
41	Sq 12 Sq	-	-	-	-	-	-	-	-	-	-	-	-
42	Sq 13 Sq	1	S^{2}	1	1	1	1	1	1	1	3	S^{4}	1
43	Sq 14 Sq	-	-	-	-	-	-	-	-	-	-	-	-
44	T	1	1	1	1	1	1	1	1	1	1	1	1
45	T 6 L	-	-	-	-	-	-	-	-	-	-	-	-
46	TT 11	-	-	-	-	-	-	-	-	-	-	-	-
47	TT 39	-	-	-	-	-	-	-	-	-	-	-	-
48	TT 82	1^{1}	**2**	S^{5}	1	1	1	0	0	**2**	**2**	**2**	**2**
49	TT 100	-	-	-	-	-	-	-	-	-	-	-	-
50	TT 353^{a}	-	-	-	-	-	-	-	-	-	-	-	-
51	TT 353^{b}	**2**	**2**	1^{6}	1	1	1	-	-	**2**	**2**	**2**	**2**

Vorlage:	σ
abhängige Textzeugen:	τ (mit Sq 12 Sq, Sq 13 Sq, Sq 14 Sq und indirekt mit Mut^{a}, Mut^{b}) und υ (mit Lahun A und pSchmitt XV)
Terminus post quem non:	25. Dyn.
Lokalisation:	Saqqara
Parallelen:	Vorlage ε in CT 151

Die Vorlage σ ist durch mehrere Deviationen gut abgesichert. Sie dürfte in Saqqara aufbewahrt gewesen sein (vgl. Vorlage ν) und diente den spätzeitlichen Textzeugen als Muster. Für die Datierung ist als Terminus post quem non die 25. Dyn. anzusetzen (Datierung von Lahun A), jedoch könnte σ durchaus bereits aus dem Mittleren Reich stammen (vgl. 8.1). Tatsächlich dürfte σ einen Textzustand wiedergeben, der durch mehrmaliges Kopieren von ν und ihren Abschriften zustandekam, d. h. manche Deviationen werden älter als andere sein.

Eine Entsprechung findet σ in CT 151: Von der dort als ε bezeichneten Vorlage (Abb. 4) hängen ebenfalls nur Spätzeittextzeugen ab, u. a. auch Sq 13 Sq (Psamtik).[32]

Dev. 1: § 2020 b: *ỉr.n n=k* (Relativform) (1) → *ỉr n=k* (2)

Dev. 2: § 2022 a: *ỉr.n n=k* (1) → *ỉr n=k* (2)
Anm. 1: Sq 12 Sq:  .

Dev. 3: § 2025 a: *nỉś čw* (1) : *nỉś.n čw* (2)

Dev. 4: § 622 b: *nčr.w* (1) → ø (2)

Dev. 5: § 623 c: *ḥr nḫt=k* (1) → *ḥr ḫt-t3* (2)
Anm. 1: Sq 13 Sq: *ḥr=k ḫt-t3*.

Dev. 6: § 624 c: *ỉwt=k* (1) → *ỉw=k* (2)
Anm. 1: B 10 C^{a}: *ỉrw.t=k*.

Dev. 7: § 625 b: *śm3 wr* (1) → *śm3* (2)
Anm. 1: B 6 C: *k3 wr*.
Anm. 2: Sq 13 Sq: *śm3.w*.

32 Vgl. Gestermann, *Spätzeitliche Bezeugungen*, 127–131.

Vorlage: τ
abhängige Textzeugen: Sq 12 Sq, Sq 13 Sq, Sq 14 Sq und ϕ (mit Mut[a] und Mut[b])
Terminus post quem non: 26. Dyn.
Lokalisation: Saqqara
Parallelen:

τ belegt, daß vom Alten Reich bis in die Spätzeit eine Abschrift der Spruchfolge D (von γ über ι, μ, ν und σ) in Saqqara geblieben ist, da – mit Ausnahme der kontaminierten Fassung φ – nur Textzeugen aus Saqqara von dieser Vorlage abhängen.

Dev. 1: § 1632 a: *č̣i̯.n=f / rč̣i̯.n=f* (1) : *č̣i̯=f* (2)
Anm. 1: Nt[b]:  (∘ für ).
Anm. 2: S: *č̣i̯ n=k św* (vermutlich eine Homoiarktonauslassung: *č̣i̯<.n=f> n=k św*).
Kommentar: Mangels Bezeugung durch Textzeugen, die von υ abhängig sind (pSchmitt XV, Lahun A), ist nicht auszuschließen, daß Dev. 1 bereits in Vorlage σ geschrieben war.

Dev. 2: § 2018 b: *ḥnʿ=f* (1) : *m-ʿ.w=f* (2)
Anm. 1: Es könnte sich bei Textzeugen mit Auslassung von § 2019 a auch um den § 2019 b (statt des § 2018 b) handeln.
Anm. 2: pSchmitt XV: *ḥn<ʿ>=f.*

Dev. 3: § 2020 a: *čs čw* (1) : *čs.ti* (2)
Anm. 1: Sq 4 C: *[...]w*

Dev. 4: § 2023 a: *ś:šm=k* (1) → *ś:šm čw* (2) → *šmś.n čw* (3)
Anm. 1: Mut[b]: *ś:šm špś.w Wśir ḫnt.i-imn.tiw*. Dies entspricht Lesart (2).
Anm. 2: pSchmitt XV: *ś:šm*  *(=tw (← twr)*; es läge somit Lesart (2) vor).

		σ1	σ2	σ3	σ4	σ5	σ6	σ7	τ1	τ2	τ3	τ4
		2020b	2022a	2025a	622b	623c	624c	625b	1632a	2018b[1]	2020a	2023a
1	Ab 1 Le[a]	-	-	-	-	-	-	-	-	-	-	-
2	Ab 1 Le[b]	-	-	-	-	-	-	-	-	-	-	-
3	Aba[a]	-	-	-	-	-	-	-	-	-	-	-
4	Aba[b]	-	-	-	-	-	-	-	-	-	-	-
5	Ap	0	0	1	-	-	-	-	-	1	1	1
6	B 6 C	-	-	-	1	1	-	S[1]	-	-	-	-
7	B 9 C	0	1	0	0	0	0	0	1	1	0	2
8	B 10 C[a]	1	1	1	1	0	S[1]	0	1	1	1	2
9	B 10 C[b]											
10	B 16 C	-	-	-	-	-	-	-	-	-	-	-
11	B 17 C	-	-	-	-	-	-	-	-	-	-	-
12	BM 30	-	-	-	-	-	-	-	-	-	-	-
13	C 405	-	-	-	-	-	-	-	-	-	-	-
14	CJ 50246	-	-	-	-	-	-	-	-	-	-	-
15	Ibi[a]	-	-	-	-	-	-	-	-	-	-	-
16	Ibi[b]	-	-	-	-	-	-	-	-	-	-	-
17	L 1 Li	-	-	-	-	-	-	-	0	-	-	-
18	Lahun A	-	-	-	-	-	-	-	-	-	-	-
19	M	-	-	-	1	1	1	1	1	-	-	-
20	Mut[a]	-	-	-	-	-	-	-	0	-	-	-
21	Mut[b]	**2**	**2**	-	-	-	-	-	-	**2**	**2**	2[1]
22	N	1	1	1	1	1	1	1	1	1	1	1
23	Nt[a]	-	-	-		-	-	-	1	-	-	-
24	Nt[b]	-	-	-	-	-	-	-	S[1]	-	-	-
25	Oudj	-	-	-	-	-	-	-	-	-	-	-
26	P[a]	-	-	-	1	1	1	1	-	-	-	-
27	P[b]	-	-	-	-	-	-	-	-	-	-	-
28	pSchmitt XV	**2**	**2**	**2**	**2**	**2**	**2**	**2**	-	1[2]	1	S[2]
29	pSchmitt XVIII	-	-	-	-	-	-	-	-	-	-	-
30	S	1	1	1	1	1	1	1	S[2]	1	1	2
31	S 10 C	-	-	-	-	-	-	-	-	-	-	-
32	S 14 C	-	-	-	-	-	-	-	-	-	-	-
33	Sq 3 Be	-	1	-	-	-	-	-	-	1	-	2
34	Sq 3 C	-	-	-	-	-	-	-	-	-	-	-
35	Sq 4 C	1	1	0	0	0	0	0	0	1	1[1]	2
36	Sq 9 C	-	-	-	-	-	-	-	0	-	-	-
37	Sq 10 C	-	-	-	-	-	-	-	-	-	-	-
38	Sq 13 C	-	-	-	-	-	-	-	-	-	-	-
39	Sq 1 Cop	-	-	-	-	-	-	-	-	-	-	-
40	Sq 4 Sq	-	-	-	-	-	-	-	-	-	-	-
41	Sq 12 Sq	**2**	S[1]	**2**	-	-	-	-	-	**2**	**2**	**3**
42	Sq 13 Sq	**2**	**2**	**2**	**2**	**2**[1]	**2**	**2**[2]	**2**	**2**	**2**	**3**
43	Sq 14 Sq	-	-	-	-	-	-	-	**2**	-	-	-
44	T	-	-	-	1	1	1	1	-	-	-	-
45	T 6 L	-	-	-	-	-	-	-	-	-	-	-
46	TT 11	-	-	-	-	-	-	-	-	-	-	-
47	TT 39	-	-	-	-	-	-	-	-	-	-	2
48	TT 82	1	1	-	-	-	-	-	1	0	1	2
49	TT 100	-	-	-	-	-	-	-	-	-	-	-
50	TT 353[a]	-	-	-	-	-	-	-	-	-	-	-
51	TT 353[b]	-	-	-	-	-	-	-	-	-	-	-

Vorlage: υ
abhängige Textzeugen: Lahun A und pSchmitt XV
Terminus post quem non: 25. Dyn.
Lokalisation: Abydos (?)
Parallelen:

υ ist durch nur eine Deviation, die pSchmitt XV und Lahun A verbindet, nachgewiesen. Während die stemmatische Position von pSchmitt XV (Abhängigkeit von σ und nahe Verwandtschaft mit τ) gesichert ist, bleibt die überlieferungsgeschichtliche Stellung von Lahun A wegen unzureichender Textlänge und dem damit zwangsläufig verbundenen Mangel an signifikanten Deviationen mit Unsicherheiten behaftet.

υ stellt den Zweig der spätzeitlichen Überlieferung dar, der zwar auf Vorlagen aus Saqqara (ν, σ) zurückgeht, jedoch außerhalb von Saqqara Verbreitung fand. Im Stemma zu PT 302–312 (Abb. 3) ist TT 33 ebenfalls diesem Überlieferungsstrang zuzuordnen.

Interessant im Zusammenhang mit der Frage nach der Lokalisation von υ ist die im pSchmitt enthaltene Fundbeschreibung, wonach diese Handschrift auf eine in Abydos gefundene Lederrolle der 18. Dyn. zurückgeht.[33] Sind solche Fundangaben in der Regel auch anzweifelbar, so widerspricht die stemmatische Stellung von pSchmitt XV (und pSchmitt XVIII) nicht diesen Angaben (vgl. Abb. 8).

Dev. 1: § 2027 b: *iḫ.t nb.t* (1) : *iḫ.t nb.t nfr.t wʿb.t* (2)
Anm. 1: Ap: *[...]nb(.t).*

Vorlage: φ
abhängige Textzeugen: Mut^a und Mut^b
Terminus post quem non: Psametik I.
Lokalisation: Theben
Parallelen:

Die Vorlage φ ist durch mehrere verbindende Deviationen nachweisbar; sie wurde für das Grab der *M'w.t-ir-ṯỉ-śt* verwendet. Als Besonderheit ist hervorzuheben, daß φ im Unterschied zu den anderen spätzeitlichen Textzeugen nicht allein auf den Überlieferungsstrang σ zurückgeht, sondern zugleich auch auf die mitteläqyptisch-thebanische Überlieferung des Mittleren und Neuen Reiches (vermutlich auf die im Theben des Neuen Reiches kursierende Vorlage ρ; aber mangels entsprechender Textbezeugungen kann auch ein direkter Rückgriff auf ξ nicht völlig ausgeschlossen werden).

φ scheint in einem 1:1-Vergleich zweier Vorlagen kontaminiert zu sein: Sowohl aus τ als auch aus ρ (oder ξ) wurde ein »Mischtext« erstellt. Dies ist einerseits daran erkennbar, daß φ zum Teil Deviationen aufweist, die für den spätzeitlichen, von Saqqara abhängigen Überlieferungszweig signifikant sind (vgl. Vorlage ν, σ, τ), und

33 Vgl. Möller, *Spähieratischer Papyrus*, 2–3; Burkard, *Bibliotheken*, 86, 93.

zum Teil auch Deviationen enthält, die für die im Mittleren Reich in Mittelägypten und im Neuen Reich in Theben verbreitete Überlieferung typisch sind (Vorlage ξ und ρ), andererseits daran, daß ϕ bisweilen originäre Lesarten an Textstellen bietet, an denen nur noch abwechselnd einer der beiden großen Überlieferungsstränge die ursprüngliche Lesart beibehalten hat (z. B. Vorlage ξ (Dev. 1), Vorlage ν (Dev. 3)). Die Gründe und das genaue Verfahren der Kontamination zweier geographisch weit voneinander entfernter Vorlagen bleiben noch zu klären.

Eventuell ist mit einem Einfluß des unterägyptischen Königshauses und einem damit verbundenen Streben nach Qualität zu rechnen.

Dev. 1: § 611 b: *n św.w* (1) → *św.w* (2) → *niś.n=k* (3)
Anm. 1: S, TT 353b: statt  (Verlesung aus dem Hieratischen).
Anm. 2: Sq 4 C: *n[...]*
Anm. 3: TT 82: *n ś{t}<w>.w*

Dev. 2: § 612 b: *gmi̯.n čw Ḥr.w* (u. ä.) (1) → ø (2)

Dev. 3: § 613 a: *rči̯.n=f* (1) → *iś rči̯.n=f* (2)
Anm. 1: B 9 C: *či̯[...]*
Anm. 2: B 16 C: *či̯<.n=f>*
Anm. 3: TT 353b: *či̯.n=f*

Dev. 4: § 613 a: *ś:ḥč=śn* (1) → *ḥč=śn* (2)
Anm. 1: B 9 C: *ś:ḥč[...]*
Anm. 2: B 16 C: *ś:ḥč=<ś>n*
Anm. 3: S 10 C: *ś:ḥč<=śn>*

Dev. 5: § 613 c (Anf.): *ir=k* (1) → *im=k* (2)

Dev. 6: § 613 c: *n wpi̯.n=f* (1) → *wp r'=k* (2)
Anm. 1: B 9 C: *n wpi̯.n[...]*
Anm. 2: B 10 Ca: *[...]wpi̯.n Ḥr.w*
Anm. 3: S, Sq 4 C, Sq 13 C: *n wpi̯.n Ḥr.w*
Anm. 4: S 10 C: *n wpi̯ [...]*
Anm. 5: Sq 13 Sq: *{n}n wpi̯.n Ḥr.w*

Dev. 7: § 614 d: *tm.ti* (1) → *tm.y* (2) → *tm tw* (3)

Dev. 8: § 615 d: *n bi3.n=śn* (1) : *nn bi3.y im=śn* (2) : *n(n) bi3 im=śn* (3) (Assoziation mit § 590 c) → *n(n) bi3.wt=śn* (4)

Dev. 9: § 617 a: *i'b.n n=k Ḥr.w* (1) : *'b n=k nčr.w* (2)
Anm. 1: B 10 Ca: *i['']b [...] n=k*
Anm. 2: B 16 C: *i{r}<'>b.n n=k Ḥr.w*
Anm. 3: S 10 C, Sq 4 C: *[i']b.n n=k Ḥr.w*
Anm. 4: Sq 13 C: *'b [...]k [...]*
Anm. 5: Sq 13 Sq: *i'b n=k Ḥr.w*

		υ1	φ1	φ2	φ3	φ4	φ5	φ6	φ7	φ8	φ9
		2027b	611b	612b	613a	613a	613c	613c	614d	615d	617a
1	Ab 1 Le[a]	-	-	-	-	-	-	-	-	-	-
2	Ab 1 Le[b]	-	-	-	-	-	-	-	-	-	-
3	Aba[a]	-	-	-	-	-	-	-	-	-	-
4	Aba[b]	-	-	-	-	-	-	-	-	-	-
5	Ap	1[1]	-	-	0	0	0	0	0	0	0
6	B 6 C	-	-	-	-	-	-	-	-	-	-
7	B 9 C	1	2	1	1[1]	1[1]	1	1[1]	0	1	1
8	B 10 C[a]	1	2	1	1	1	0	1[2]	1	0	S[1]
9	B 10 C[b]										
10	B 16 C	-	1	1	1[2]	1[2]	1	1	-	1	1[2]
11	B 17 C	-	-	-	-	-	-	-	1	-	-
12	BM 30	-	-	-	-	-	-	-	-	-	-
13	C 405	-	-	-	-	-	-	-	-	-	-
14	CJ 50246	-	-	-	-	-	-	-	-	-	-
15	Ibi[a]	-	-	-	-	-	-	-	-	-	-
16	Ibi[b]	-	-	-	-	-	-	-	-	-	-
17	L 1 Li	-	-	-	-	-	-	-	-	-	-
18	Lahun A	**2**	-	-	-	-	-	-	-	-	-
19	M	-	1	1	0	1	1	1	1	1	1
20	Mut[a]	-	**3**	**2**	**2**	**2**	**2**	**2**	**3**	**4**	**2**
21	Mut[b]	-	**3**	**2**	**2**	**2**	**2**	**2**	**3**	**4**	**2**
22	N	0	0	1	1	1	0	0	0	1	0
23	Nt[a]	-	-	-	-	-	-	-	-	-	-
24	Nt[b]	-	-	-	-	-	-	-	-	-	-
25	Oudj	-	-	-	-	-	-	-	-	-	-
26	P[a]	-	-	-	-	-	-	-	-	-	-
27	P[b]	-	-	-	-	-	-	-	-	-	-
28	pSchmitt XV	**2**	-	-	-	-	-	-	-	-	-
29	pSchmitt XVIII	-	-	-	-	-	-	-	-	-	-
30	S	1	S[1]	1	1	1	1	1[3]	1	3	1
31	S 10 C	-	1	1	0	1[3]	0	1[4]	0	1	1[3]
32	S 14 C	-	-	-	-	-	-	-	0	0	0
33	Sq 3 Be	0	-	-	-	-	-	-	-	-	-
34	Sq 3 C	-	-	-	-	-	-	-	-	-	-
35	Sq 4 C	0	1[2]	1	0	0	0	1[3]	0	0	1[3]
36	Sq 9 C	-	-	-	-	-	-	-	-	-	-
37	Sq 10 C	-	-	-	-	-	-	-	-	-	-
38	Sq 13 C	-	1	1	0	0	1	1[3]	0	0	0[4]
39	Sq 1 Cop	-	-	-	-	-	-	-	-	-	-
40	Sq 4 Sq	1	-	-	-	-	-	-	-	-	-
41	Sq 12 Sq	1	-	-	-	-	-	-	-	-	-
42	Sq 13 Sq	1	1	1	1	1	1	1[5]	1	3	1[5]
43	Sq 14 Sq	-	-	-	-	-	-	-	-	-	-
44	T	-	1	1	1	1	1	1	1	1	1
45	T 6 L	-	-	-	-	-	-	-	-	-	-
46	TT 11	-	-	-	-	-	-	-	-	-	-
47	TT 39	-	-	-	-	-	-	-	-	-	-
48	TT 82	-	S[3]	1	1	-	1	1	2	2	1
49	TT 100	-	-	-	-	-	-	-	-	-	-
50	TT 353[a]	-	-	-	-	-	-	-	-	-	-
51	TT 353[b]	-	S[1]	-	1[3]	1	-	-	2	2	1

8. Die Überlieferungsgeschichte der Spruchfolge D

8.1 Etappen der Überlieferung

Die Texte der Spruchfolge D entstanden sicherlich im memphitisch-heliopolitanischen Raum und sind vom Alten Reich bis ins frühe Mittlere Reich zunächst auch nur in Saqqara belegt. Aus der Zeit des Alten Reiches sind die Texte noch nicht in direkter Abfolge überliefert (höchstens drei Sprüche treten in direkter Abfolge auf: PT 593, 356, 357 bei M und PT 356, 593, 357 bei Nt^{a}).

Während der 6. und 8. Dynastie sind die Texte der Spruchfolge D nur aus Pyramiden von Königen und Königinnen bekannt (Abb. 7).

Datierung	Könige	Königinnen
6. Dynastie	*Tti* (T)	
	Mrj.y-Rꜥw Ppy (P)	
	Mrj.n-Rꜥw (M)	
	Nfr-k3-Rꜥw Ppy (N)	*ꜣIpw.t* (Ap)
		Ni.t (Nt)
		Wḏb.t-n=i (Oudj)
8. Dynastie	*Ḳ3-k3.w-Rꜥw ꜣIbi* (Aba)	

Abb. 7: Die Textzeugen der 6. und 8. Dynastie.

Soweit rekonstruierbar (vgl. Abb. 2) gehen diese Textzeugen indirekt auf die Vorlage β zurück (T, M, N, Nt^{a}, Nt^{b}).

In der 9./10. Dyn. läßt sich die Verwendung der Texte für die Bestattung des Königs *W3ḥ-k3-Rꜥw Ḫty* erschließen (vgl. unter 7. Vorlage γ). Jedoch ist nun erstmals die Abhängigkeit von der Vorlage γ gesichert.[1] γ enthielt auch die Spruchfolge D in der sie kennzeichnenden Reihenfolge; dies belegen Sq 4 C, B 9 C, B 10 C einerseits und S bzw. Sq 13 Sq andererseits, welche die Sequenz vollständig bzw. fast vollständig überliefern.

Auch in der 11. Dyn. scheinen die Vorlagen für die Spruchfolge D noch ausschließlich im memphitischen Raum verbreitet gewesen zu sein; zumindest ist die Spruch-

1 B 16 C, der zum Teil noch die Namen des Königs aufweist, hängt auch vom Überlieferungsstrang γ ab.

folge während dieser Zeit bislang nur dort belegt, wo sie nun allerdings für die Grabausstattung von Privatleuten verwendet wurde:[2] auf den in die 11./12. Dyn. datierbaren Särgen Sq 3 C, Sq 4 C, Sq 9 C, Sq 10 C, Sq 13 C (aus Abusir), Sq 1 Cop, Sq 4 Sq und Ab 1 Le.[3] Soweit rekonstruierbar gehen die Särge Sq 4 C (außer in PT 364), Sq 9 C, Sq 10 C (und ebenfalls der nur allgemein in das Mittlere Reich datierte Sarg Sq 3 Be) auf eine Abschrift von γ zurück, der Sarg Sq 3 C dagegen auf eine Abschrift von β.

Erst seit Beginn der 12. Dyn. wurden die Texte auch außerhalb des memphitischen Raumes verwendet: Zum einen in al-Lišt[4] (S und L 1 Li) und Illahun (C 405), zum andern in Mittelägypten (B 6 C, B 9 C, B 10 C, B 16 C, B 17 C, S 10 C, S 14 C). Dabei gab es zwei Wege, auf denen die Texte von Saqqara nach Mittelägypten gelangten: Über γ, θ und κ bzw. über γ, ι, μ, ξ und ο.

Nach der 12. Dyn. wurden Texte der Spruchfolge D offenbar erst wieder in der 18. Dyn. – zur Zeit von Hatschepsut und Thutmosis III. – verwendet. Dabei beschränken sich die bisherigen Belege auf den thebanischen Raum:[5] TT 353, TT 11, TT 39, TT 82, TT 100. Soweit dies erschlossen werden kann, gehen die Textzeugen der 18. Dyn. auf die Vorlage ξ zurück, von der indirekt auch mittelägyptische Textzeugen der 12. Dyn. abhängen. Dieser neuerliche Gebrauch von Pyramidentexten in der 18. Dyn. ist mit dem zu dieser Zeit auch anderweitig zu beobachtenden Rückgriff auf die 12. Dyn. erklärbar.[6]

Der nächste Schub der Reproduktion von Texten der Spruchfolge D erfolgte in der archaisierenden Epoche par excellence, in der 25./26. Dyn.[7] Vermutlich noch in die 25. Dyn. datieren die Textzeugen Lahun A und T 6 L. In der 26. Dyn. bezeugen Textträger aus Theben (Ibi), Saqqara (Sq 12 Sq, Sq 13 Sq, Sq 14 Sq), Heliopolis (CJ 50246) und Giza (BM 30; eventuell 30. Dyn.) Teile der Spruchfolge D. Soweit

2 Die von Goedicke, *Probleme der Herakleopolitenzeit*, 141–142 vorgebrachte Hypothese, daß Privatleute besonders auf Totentexte von Königen hervorragender Bedeutung zurückgegriffen hätten, scheint wenig plausibel. Sicher ist, daß alle privaten Textzeugen der Spruchfolge D auf Vorlagen aus dem königlichen Bereich zurückgehen (ß bzw. γ). Allein das Wissen um diese Tatsache dürfte aber bereits eine ausreichende Motivation zur Verwendung dieser Texte dargestellt haben; es ist nicht anzunehmen, daß der Zugang zu den Vorlagen, die für Könige des Alten Reiches und der Ersten Zwischenzeit verwendet worden waren, so leicht und häufig möglich war, daß eine gezielte Auswahl getroffen werden konnte.

3 Nur grob in das Mittlere Reich kann der Sarg Sq 3 Be datiert werden.

4 Dies kann sicherlich in Verbindung mit der Verlagerung der Residenz nach *ič-t3.wi* gesehen werden.

5 Vgl. jedoch die Angaben im pSchmitt, wonach dieser von einer Lederrolle der 18. Dyn. aus Abydos kopiert wurde (Möller, *Späthieratischer Papyrus*, 2–3).

6 Vgl. Grimal, *Le roi et la sorcière*, 107–108. Zu Archaismen in der Zeit der Hatschepsut s. auch Schott, *Mythe und Geschichte*, 246–248 und Helck, *Geschichte*, 154.

7 Vgl. zum Archaismus der Spätzeit ausführlich Manuelian, *Living in the Past* sowie Neureiter, *Interpretation des Archaismus.*

dies bestimmt werden kann, gehen alle Textzeugen der 25./26. Dyn. indirekt auf die Vorlage σ zurück.[8] Sie folgen damit einem anderen Überlieferungsweg als die Textzeugen des Neuen Reiches; zumindest für die von τ abhängigen Textzeugen Sq 12 Sq, Sq 13 Sq und Sq 14 Sq ist anzunehmen, daß alle Vorlagen, auf die sie zurückgehen (d. h. γ, ι, μ, ν, σ und τ), in Saqqara aufbewahrt wurden (vgl. unter 7. die Angaben zur Lokalisation der betreffenden Vorlagen).

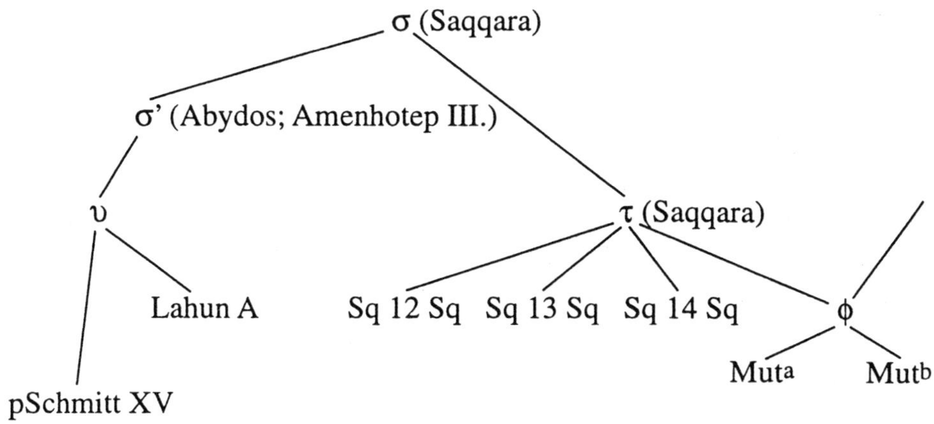

Abb. 8: Die Stemmaverzweigung unterhalb von σ unter Berücksichtigung der im pSchmitt enthaltenen Fundangabe.

Zeitlich isoliert (4. Jh. v. u. Z.) dastehend, aber überlieferungsgeschichtlich wie die Textzeugen der 25./26. Dyn. indirekt von σ abhängig, beschließt der pSchmitt als derzeit jüngster bekannter Textzeuge die zweitausendjährige Überlieferungsgeschichte der Spruchfolge D. Ob seine Angabe, auf eine in Abydos aufbewahrte Vorlage der 18. Dyn. zurückzugehen, ernst zu nehmen ist, bleibt weiterhin offen. Mit dem Stemma könnte diese Angabe jedenfalls insofern gut vereinbart werden, als auf dem Weg von der Vorlage σ, die in Saqqara zu lokalisieren sein dürfte, zur Vorlage υ die vom pSchmitt erwähnte Vorlage in Abydos angesetzt werden könnte (in Abb. 8 mit σ' bezeichnet). Dies würde weiter bedeuten, daß σ aus der Zeit vor Amenhotep III. stammen müßte.[9]

8 Einen Sonderfall stellen die kontaminierten Fassungen von Mut^{a} und Mut^{b} dar, die zum Teil auf τ, zum Teil auf ρ oder ξ zurückgehen.

9 Im pSchmitt wird als Funddatum der Lederrolle im Tempel von Abydos die Zeit Amenhotep III. angegeben (vgl. Möller, *Späthieratischer Papyrus*, 2–3).

Exkurs: Zur Lokalisation des Grabmals des Königs *W3ḥ-k3-Rʿw Ḫty*

Wie oben erwähnt[10] überliefert der Sarg B 16 C des *Nfr.i* den Namen eines bislang nicht wieder belegten Königs aus der Dynastie der Herakleopoliten, dessen genaue dynastische Position allerdings nicht festgestellt werden kann: *W3ḥ-k3-Rʿw Ḫty.*[11] Eine befriedigende Erklärung für das Vorkommen der königlichen Kartuschen in den Pyramidentexten des Sarges des *Nfr.i* lieferte bereits Meyer, der die Abschrift von B 16 C für eine gedankenlose Kopie einer Vorlage hielt, die einem Königsgrab entnommen worden war.[12] Meyers Einschätzung dieses merkwürdigen Befundes ist nur insofern zu korrigieren, als die Vorlage für B 16 C wohl nicht einem Königsgrab entnommen wurde, sondern vielmehr Abschrift einer einst für das Grab oder den Sarg[13] des Königs *W3ḥ-k3-Rʿw Ḫty* angefertigten Vorlage gewesen sein dürfte.

Der Befund von B 16 C beweist, daß im Grab/auf dem Sarg des Königs *W3ḥ-k3-Rʿw Ḫty* Texte der Spruchfolge D angebracht waren oder zumindest angebracht werden sollten. Das Stemma zu Spruchfolge D (Abb. 2) zeigt, daß B 16 C von dem Überlieferungszweig γ abhängt. Folglich muß eine der Vorlagen dieses Überlieferungszweiges, von denen B 16 C indirekt abhängt, für das Grab/den Sarg dieses Königs gefertigt worden sein. Theoretisch kommen dafür alle Vorlagen in Betracht, die von γ zu B 16 C hinführen (γ, ι, μ, ξ, ο). Bedenkt man jedoch, daß alle von γ abhängigen Textzeugen in die Zeit nach *W3ḥ-k3-Rʿw Ḫty* datiert werden, und daß königliche Totentexte in der Regel dem Archetypus relativ nahe stehen (vgl. die Pyramiden des Alten Reiches in den Stemmata zu Spruchfolge D (Abb. 2) und zu PT 302–312 (Abb. 3)), kann mit einiger Sicherheit angenommen werden, daß auch die Texte für das Grab/den Sarg des *W3ḥ-k3-Rʿw Ḫty* von einer dem Archetypus nahestehenden Vorlage kopiert wurden. Am ehesten in Betracht kommt dafür die Vorlage γ oder eventuell die Vorlage ι. Diese Kopie für die königliche Bestattung mit dem Namen des *W3ḥ-k3-Rʿw Ḫty* wurde in der Folgezeit weiter auf Papyri oder Lederrollen tradiert, wobei – mit Ausnahme des Schreibers von B 16 C – die Kopisten den Königsnamen durch die entsprechenden Privatnamen ersetzten, wenn eine Abschrift der Texte auf einem Sarg oder in einer Grabkammer angebracht wurde.

10 Vgl. unter 7. Vorlage γ.

11 Vgl. von Beckerath, *Dynastie der Herakleopoliten*, 16–20.

12 Meyer, *Geschichte des Altertums*, 248 (§ 273). Vgl. auch Schenkel, *Herakleopolitanische Tradition*, 35–36.

13 Über den Anbringungsort königlicher Totentexte in der Ersten Zwischenzeit ist bisher zu wenig bekannt, als daß ihre Aufzeichnung auf Särgen ausgeschlossen werden könnte. Gerade der Umstand, daß die Gräber der Könige der 9./10. Dyn. nur noch relativ kleine Anlagen gewesen sein dürften (vgl. Malek, *King Merykare and his Pyramid*), könnte den Übergang von der Anbringung der Totentexte auf Grabwänden zur Anbringung auf Särgen – wie sie im Mittleren Reich bei Privatleuten so zahlreich belegt ist – bedingt haben.

Die Überlieferungsgeschichte zur Spruchfolge D und allgemeine historische Überlegungen liefern nun Hinweise auf die Grabstätte des Königs *W3ḥ-k3-Rʿw Ḫty*:

- Zunächst ist anzunehmen, daß es sich um ein Grab in der Form einer Pyramide handelt; zwar ist kein Königsgrab der 9./10. Dynastie bislang archäologisch geortet,[14] jedoch gibt der mit einer Pyramide determinierte Name des Grabes des Königs *Mrj.y-k3-Rʿw*[15] einen Hinweis auf die Form der Königsgräber der 9./ 10. Dyn. Daß das Grab des *W3ḥ-k3-Rʿw Ḫty* in Saqqara zu lokalisieren ist, ergibt sich zum einen aus Analogie zu der aufgrund von Priestertiteln angenommenen Lage der ungefähr zeitgleichen Pyramide des *Mrj.y-k3-Rʿw*[16], zum andern aus den Vorlagen γ, ι, μ im Stemma zur Spruchfolge D, die in Saqqara zu lokalisieren sind (vgl. unter 7. die Angaben zur Lokalisation der betreffenden Vorlagen) und mit denen die Vorlage für *W3ḥ-k3-Rʿw Ḫty* direkt oder indirekt verbunden war.

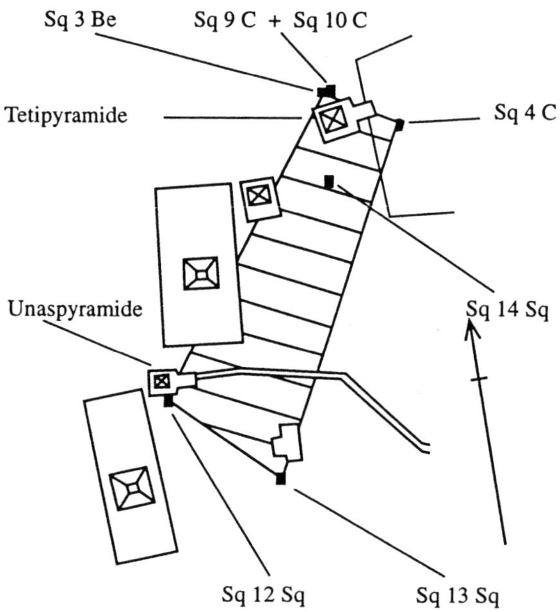

Abb. 9: Die Lage der indirekt von γ abhängigen Textzeugen des Mittleren Reiches und der 26. Dyn. aus Saqqara.

14 Vgl. Stadelmann, *Pyramiden*, 229.

15 Vgl. die Auflistung der Belege bei Gomaà, *Besiedlung Ägyptens II*, 30 und Malek, *King Merykare and his Pyramid*, 208–209.

16 Vgl. Malek, *King Merykare and his Pyramid*, 207–214, der die Pyramide Lepsius XXIX dem König *Mrj.y-k3-Rʿw* zuordnet.

- Des weiteren ist festzustellen, daß Abschriften von γ, die in Saqqara verbreitet waren, während des Mittleren Reiches von den Särgen Sq 4 C, Sq 9 C, Sq 10 C und Sq 3 Be (vgl. unter 7. Vorlage γ) als Vorlage benutzt wurden. In der 26. Dyn. verwendeten die Grabkammern Sq 12 Sq, Sq 13 Sq und Sq 14 Sq eine auf γ zurückzuführende Abschrift (τ) – und damit auch eine Kopie der ehedem für *W3ḥ-k3-Rʿw Ḫty* angefertigten Vorlage.
- Die konzentrierte Lage aller indirekt von γ abhängigen, lokalisierten Textzeugen aus Saqqara (vgl. Abb. 9) deutet darauf hin, daß sie auf Vorlagen zurückgriffen, die relativ in ihrer Nähe gelagert wurden. Unter der Voraussetzung, daß diese Annahme richtig ist, gibt es zwei Möglichkeiten zur Lokalisation des Grabes des *W3ḥ-k3-Rʿw Ḫty*:

Möglichkeit 1: Wenn der Kultbetrieb für die Grabanlage des *W3ḥ-k3-Rʿw Ḫty* noch zu Beginn des Mittleren Reiches aufrechterhalten wurde, dann dürfte auch die Vorlage für seine Totentexte in einer zur Grabanlage gehörigen Tempelbibliothek aufbewahrt und kopiert worden sein. In diesem Fall dürfte das Königsgrab in demselben Bereich zu lokalisieren sein, in dem die anderen auf γ zurückzuführenden Textzeugen aus Saqqara gefunden wurden. Dieser Bereich (in Abb. 9 schraffiert gekennzeichnet) erstreckt sich von der Tetipyramide und dem griechischen Serapeum bis zur Unaspyramide und dem Jeremiaskloster. Zieht man für die Ortung des Königsgrabes nur die Textzeugen des Mittleren Reiches heran und läßt die Textzeugen der Spätzeit wegen des größeren zeitlichen Abstandes beiseite (Abb. 10), dann darf das Grab des Königs in unmittelbarer Nähe der Tetipyramide vermutet werden. Da die Pyramide Lepsius XXIX von Malek ansprechend als Grabanlage des *Mrỉ.y-k3-Rʿw* interpretiert wurde,[17] müßte angenommen werden, daß das Grab des *W3ḥ-k3-Rʿw Ḫty* eventuell der Erbauung spätzeitlicher und ptolemäischer Tempel zum Opfer fiel.

Möglichkeit 2: Da bislang keine Priester belegt sind, die den Kultbetrieb des Grabes des *W3ḥ-k3-Rʿw Ḫty* aufrechterhalten hätten,[18] ist damit zu rechnen, daß überhaupt kein Kultbetrieb stattfand (z. B. aus politischen Gründen). In diesem Falle wäre es vorstellbar, daß die Vorlage für die Totentexte des Grabes/des Sarges des *W3ḥ-k3-Rʿw Ḫty* nicht bei dessen Grabanlage aufbewahrt wurde, sondern in einer anderen bedeutenden und intakten Kultanlage. Die räumliche Nähe der auf γ zurückgehenden Textzeugen des Mittleren Rei-

17 Malek, *King Merykare and his Pyramid.*

18 Vgl. dagegen z. B. das mehrfach bezeugte Personal der Pyramidenanlage des *Mrỉ.y-k3-Rʿw* (Malek, *King Merykare and his Pyramid*, 208–209).

19 Dies deckt sich mit der Annahme von Schenkel, *Herakleopolitanische Tradition*, 43, wonach die Herakleopoliten die Archive der Tetipyramide zu ihrer Verfügung gehabt hätten.

ches zur Tetipyramide (vgl. Abb. 10) läßt die Tempelbibliothek dieser Kultanlage als möglichen Aufbewahrungsort für die Vorlage der Totentexte des *W3ḥ-k3-Rʿw Ḫty* in Betracht kommen.[19]
Dennoch müßte auch in diesem Fall das Grab des *W3ḥ-k3-Rʿw Ḫty* in dem in Abb. 9 bzw. Abb. 10 angegebenen Gebiet lokalisiert werden: Gerade der Umstand, daß die Vorlage im Tempel der Tetipyramide archiviert worden sein könnte (und beispielsweise nicht im Tempel der Unas- oder Pepipyramide), weist wiederum auf eine räumliche Nähe der Grabanlagen von Teti und *W3ḥ-k3-Rʿw Ḫty* hin.

Als Fazit dieser Überlegungen kann – als Hypothese – das Grab des Königs *W3ḥ-k3-Rʿw Ḫty* in dem in Abb. 9 eingegrenzten Gebiet zwischen der Tetipyramide, dem griechischen Serapeum, der Unaspyramide und dem Jeremiaskloster lokalisiert werden, wobei insbesondere das Gebiet bei der Tetipyramide in Betracht zu ziehen ist. Vermutlich ist das Königsgrab infolge spätzeitlicher oder ptolemäischer Bauvorhaben zerstört worden.

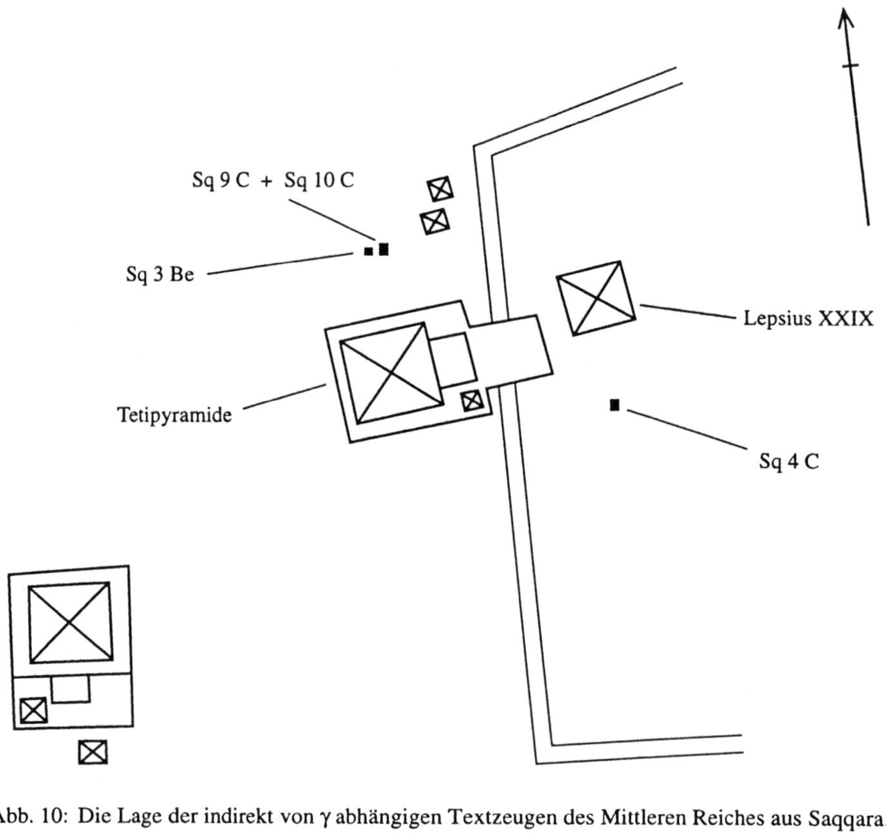

Abb. 10: Die Lage der indirekt von γ abhängigen Textzeugen des Mittleren Reiches aus Saqqara.

Dieses Ergebnis deckt sich mit der Annahme von Stadelmann, daß die Herakleopolitendynastie in der Pyramidenstadt des Teti residierte und dort ihre Gräber hatte.[20] Stadelmanns Annahme basiert einerseits auf der besonderen Bedeutung, die die Pyramidenstadt des Teti bis ins Mittlere Reich innehatte, andererseits auf der Feststellung, daß die Pyramide des *Mrj̱.y-k3-Rʿw* im Titel von Beamten belegt ist, die auch an der Tetipyramide tätig waren.[21]

8.2 Vergleich mit der Überlieferungsgeschichte anderer Pyramiden- und Sargtextsprüche

Ein Vergleich des Stemmas zu Spruchfolge D (Abb. 2) mit demjenigen zu PT 302–312 (Abb. 3) zeigt große Übereinstimmungen:

Der Vorlage β in Spruchfolge D mit den von ihr abhängigen Pyramiden der 6. Dyn. entspricht im Stemma zu PT 302–312 die Vorlage δ (mit der Ausnahme, daß T in PT 302–312 nicht mit den anderen Pyramiden der 6. Dyn. zusammenzugehen scheint[22]).

Die Vorlage γ in Spruchfolge D kann mit der Vorlage β im Stemma zu PT 302–312 verglichen werden: Beide stellen Überlieferungszweige dar, die nicht auf die Pyramiden der mittleren und späten 6. Dyn. zurückgehen; von beiden Vorlagen hängen die Textzeugen des Mittleren Reiches[23] und der Spätzeit ab.

Die Vorlage ν in Spruchfolge D findet ihre Parallele in der Vorlage ζ im Stemma zu PT 302–312. Auf diese Vorlagen gehen jeweils S und alle stemmatisch erfassbaren Spätzeittextzeugen zurück.

Zur Sargtextüberlieferung sind bislang sechs Stemmata erstellt worden.[24] Von diesen stimmt das Stemma zu CT 151 (Abb. 4) in den Überlieferungswegen mit demjenigen zu Spruchfolge D überein:

Die Vorlage θ in Spruchfolge D kann mit der Vorlage β im Stemma zu CT 151 in Beziehung gesetzt werden, insofern Textzeugen aus Saqqara und al-Birša von ihnen abhängen.

20 Stadelmann, *Pyramiden*, 229. Eine Übersicht über weitere in dieser Richtung geäußerte Vermutungen findet sich bei Malek, *King Merykare and his Pyramid*, 208 (Anm. 21).

21 Stadelmann, *Pyramiden*, 229; vgl. zu den Beamten die Auflistung bei Malek, *King Merykare and his Pyramid*, 208–209.

22 Vgl. aber Kahl, *Überlieferungsgeschichtliches Verhältnis*, 198, Anm. 9.

23 Mit Ausnahme von Sq 3 C im Stemma zur Spruchfolge D.

24 Jürgens, *Grundlinien einer Überlieferungsgeschichte*, 97 (Stemma zu CT 162 + 164; vgl. auch Jürgens, *Möglichkeiten der Stemmakonstruktion*, 61), 135 (Stemma zum »Schu-Buch« (CT 75–80A mit nachträglichen Erweiterungen und Umstellungen); vgl. auch Jürgens, *Untersuchungen zu den Sargtexten*, 35), 199 (Stemma zu CT 30–32 + 33–37), 211 (Stemma zu CT 225 + 226), 221 (Stemma zu CT 343 + 345); Gestermann, *Spätzeitliche Bezeugungen*, 128 (Stemma zu CT 151).

Die Vorlage κ in Spruchfolge D findet Parallelen in der Vorlage γ im Stemma zu CT 151: Auf sie sind nur Textzeugen aus al-Birša zurückzuführen.

Der Vorlage μ in Spruchfolge D entspricht die Vorlage δ im Stemma zu CT 151: Von ihnen abhängig sind Textzeugen des Mittleren Reiches aus al-Lišt und Asyut und die Textzeugen der Spätzeit.

Die Vorlage σ in Spruchfolge D ist mit der Vorlage ε im Stemma zu CT 151 gleichzusetzen: Alle einordbaren Textzeugen der Spätzeit gehen auf sie zurück.

Die Stemmata zu den übrigen CT-Spruchfolgen weisen zum größten Teil Textzeugen auf, die nicht in Spruchfolge D belegt sind. Dennoch sind in den Überlieferungswegen Entsprechungen zu den Verzweigungen μ, o und π der Spruchfolge D feststellbar (vgl. Abb. 11). Und auch die für Sq 5 C im Stemma zum »Schu-Buch«[25] bzw. für Sq 4 C im Stemma zu CT 225 + 226[26] belegte Position direkt unterhalb des Archetypus kann als ein Beleg für einen memphitischen Ursprung dieser Sprüche gewertet werden; dies stellt eine weitere wichtige Parallele zur Spruchfolge D dar.

Die Vorlage ξ in Spruchfolge D kann mit der Überlieferung von CT 179 verglichen werden, insofern in beiden Texteinheiten eine Verbindung zwischen Textzeugen des Mittleren Reiches aus Asyut und der 18. Dyn. aus Theben besteht. Gestermann stellte für CT 179 Übereinstimmungen zwischen S 14 C und TT 87 (18. Dyn.) fest.[27] Und auch die bislang nur in Asyut (S 1 S; 12. Dyn.) und Theben (TT 353; 18. Dyn.) belegte Verklärungsliturgie Nr. 7[28] scheint denselben Überlieferungsweg genommen zu haben.[29]

Die oben aufgeführten Übereinstimmungen (vgl. Abb. 11) in den Überlieferungswegen von Spruchfolge D, PT 302–312, verschiedenen CT-Sprüchen und Verklärungsliturgie Nr. 7 belegen, daß die Tradierung von Pyramidentexten, Sargtexten und anderen nicht in diesem Korpus enthaltenen Totentexten im großen ganzen unterschiedslos erfolgte. Eventuelle Verschiedenheiten der Überlieferungswege dürften chronologisch erklärbar sein (zum Beispiel können zeitlich versetzt abgelaufene Überlieferungsschübe unterschiedliche Wege genommen haben). Dies kann als Bestätigung dafür gewertet werden, daß Pyramidentexte und Sargtexte ein großes Textkorpus darstellten, welches im Verlauf einer kontinuierlichen Textproduktion Erweiterungen und Überarbeitungen erfuhr. Ein weiteres Indiz für die Einheitlichkeit von Pyramidentexten und Sargtexten liefern die Spruchsequenzen, die sowohl aus Pyramiden- als auch aus Sargtexten zusammengesetzt sind.[30]

25 Jürgens, *Grundlinien einer Überlieferungsgeschichte*, 135.
26 Jürgens, *Grundlinien einer Überlieferungsgeschichte*, 211.
27 Gestermann, *Spätzeitliche Bezeugungen*, 128.
28 Kahl, *Textidentifizierung*, 41–42.
29 Über die überlieferungsgeschichtlichen Verbindungen zwischen Mittelägypten und Theben bereite ich eine größere Untersuchung vor.
30 Zum Beispiel die Spruchfolge B von Altenmüller (Altenmüller, *Begräbnisritual*, 47).

Spruchfolge D	PT 302–312	CT 30–32 + 33–37	CT 151	CT 162 + 164	CT 179	CT 225 + 226	CT 343 + 345	Verklärungsliturgie Nr. 7
β	δ							
γ	β							
θ			β					
κ			γ					
μ		ι	δ					
ν	ζ							
ξ					+			+
ο		κ		κ		κ	κ	
π		ν		ν		ν	ν	
σ			ε					

Abb. 11: Übersicht über die Stemmaverzweigungen der Spruchfolge D, die in der Überlieferung anderer Totentexte Entsprechungen finden (soweit zu diesen Totentexten Stemmata erstellt sind, sind die entsprechenden Verzweigungen angegeben, ansonsten ist eine Übereinstimmung durch ein »+« gekennzeichnet).

Als Ursprung der Pyramidentexte und der Sargtexte ergibt sich nach Ausweis der Stemmata der memphitisch – heliopolitanische Raum: In Spruchfolge D, PT 302–312, CT 151, dem »Schu-Buch« und CT 225 + 226 stehen Textzeugen aus Saqqara dem Archetypus am nächsten.

8.3 Zur Zuverlässigkeit der Textzeugen

Zunächst kann generell angenommen werden, daß die Textzeugen, die im Stemma dem Archetypus am nächsten stehen, zuverlässiger sind als diejenigen, die weiter vom Archetypus entfernt sind. Die Distanz zum Urtext ist an der Anzahl der hypothetischen Vorlagen, die im Stemma zwischen diesem und dem jeweiligen Textzeugen angesetzt wurden, feststellbar. Unter dieser Annahme sind M, N, Sq 3 Be und Sq 4 C (außer in PT 364) als zuverlässigste Textzeugen zu betrachten, da jeweils nur zwei Vorlagen zwischen ihnen und dem Archetypus nachgewiesen werden können (vgl. Abb. 2). Jedoch müssen zwei Faktoren berücksichtigt werden, die diese recht formale Einschätzung der Qualität der Textzeugen relativieren:

1. Vergleicht man die hypothetische Vorlage β mit γ (vgl. unter 7. Vorlage β und Vorlage γ), so ist zu bemerken, daß β eine weitaus geringere Zahl von sekundären Lesarten aufweist als γ. β ist somit insgesamt zuverlässiger als γ, was sich auch auf die Qualität der von β bzw. γ indirekt abhängigen, erhaltenen Textzeugen auswirkt.
2. Die Berechnung des Abstandes eines Textzeugen vom Archetypus anhand der hypothetischen Vorlagen ist insofern problematisch, als nur die Mindestanzahl von Zwischenabschriften festgestellt werden kann. Singuläre Fehler, d. h. solche Digressionen, die ein Textzeuge allein aufweist und nicht mit weiteren Textzeugen teilt, bleiben in der Stemmakonstruktion unberücksichtigt. Das bedeutet beispielsweise, daß auf dem Weg von ι zu Sq 3 Be noch zahlreiche weitere Vorlagen existiert haben können, die aber wegen der zufälligen Überlieferungslage nicht rekonstruiert werden konnten, da außer Sq 3 Be kein Textzeuge erhalten geblieben ist, der von einer dieser Vorlagen abhing (vgl. unter 7. Vorlage μ).

Trotz dieser Unwägbarkeiten kann insgesamt folgendes festgestellt werden:
- Von den erhaltenen Textzeugen überliefern diejenigen aus dem Alten Reich sowie die Textzeugen des Mittleren Reiches aus Saqqara (Sq 3 C, Sq 4 C, Sq 3 Be) und S aus al-Lišt die zuverlässigsten Versionen der Spruchfolge D, wobei aber jeder Textzeuge sekundäre Lesarten aufweist.
- Die Rekonstruktion des ursprünglichen Textes von Spruchfolge D erlaubt nur der Vergleich der Vorlagen β und γ (und die Auswahl der jeweils originären Lesart bei Digressionen in einer der beiden Vorlagen bzw. das Nebeneinanderstellen von Differenzen in beiden Vorlagen).

9. Die Gestalt der Vorlagen

9.1 Die Schriftart

Wie bereits erwähnt (s. 4. Hypothetische Vorlagen) erfolgte die Textüberlieferung mittels Papyri oder Lederrollen, auf denen eine oder mehrere Spruchsequenzen vollständig oder in Teilen aufgezeichnet waren.

Manche Vorlagen dürften in Kursivhieroglyphen, andere in Hieratisch beschriftet gewesen sein. Hinweise auf eine hieratische Beschriftung geben beispielsweise die von Hayes in der Mastaba des *Si̯-ni̯-Wśr.t-ʿnḫ* festgestellten Verlesungen aus dem Hieratischen;[1] für Spruchfolge D sind die in Abb. 12 aufgeführten zu nennen.

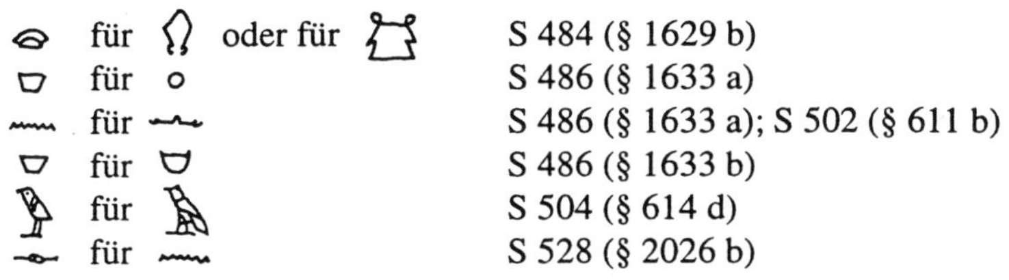

Abb. 12: Verlesungen aus dem Hieratischen in Spruchfolge D bei S.

Der Sarg B 16 C überliefert Schreibfehler, die auf die fehlerhafte Umsetzung sowohl von hieratischen Zeichen als auch von Kursivhieroglyphen zurückzuführen sind.[2] Für die Spruchfolge D, aus der B 16 C nur PT 364 überliefert, lassen sich die in Abb. 13 dargestellten Verlesungen nachweisen.

Allen schloß aus dem Vorkommen dieser fehlerhaften Zeichenumsetzungen, daß die Vorlage für B 16 C sowohl aus Kursivhieroglyphen als auch aus hieratischen Zeichen bestanden habe.[3] Weitaus wahrscheinlicher dürfte jedoch sein, daß sich die Fehler auf B 16 C, die aus den Verlesungen von hieratischen Zeichen bzw. Kursivhieroglyphen resultieren, im Verlauf der Überlieferung sukzessive und getrennt voneinander eingestellt haben. Wie das Stemma zu Spruchfolge D (Abb. 2) zeigt, gelangten die Texte vom Archetypus aus über mindestens fünf Vorlagen (γ, ι, μ, ξ, ο) zu B 16 C; realiter dürften es beträchtlich mehr Vorlagen gewesen sein. Allein zwischen ο und

1 Hayes, *Se'n-Wosret-ʿAnkh*, 23–24.

2 Allen, *Funerary Texts*, 26–27.

3 Allen, *Funerary Texts*, 27: »To have produced such errors, the original script must have been a blend of hieratic and hieroglyphs, the latter undoubtedly in cursive form… The sum of internal evidence thus argues for an original document consisting of 73 + x columns of cursive hieroglyphs and some hieratic signs, written retrograde, and bearing the names of King Wahkare Akhtoy.«

B 16 C ist mit mehreren Vorlagen zu rechnen.[4] Diese Vorlagen werden fallweise in Kursivhieroglyphen, fallweise aber auch in hieratischer Schrift angefertigt gewesen sein, so daß die in B 16 C feststellbaren Verlesungen (aus dem Hieratischen bzw. aus Kursivhieroglyphen) nacheinander bei der Umsetzung einer Schriftart in die andere entstanden sein dürften. Die jeweilige Vorlage wird jedoch immer in einer einzigen Schriftart abgefaßt gewesen sein (vgl. Abb. 14).[5]

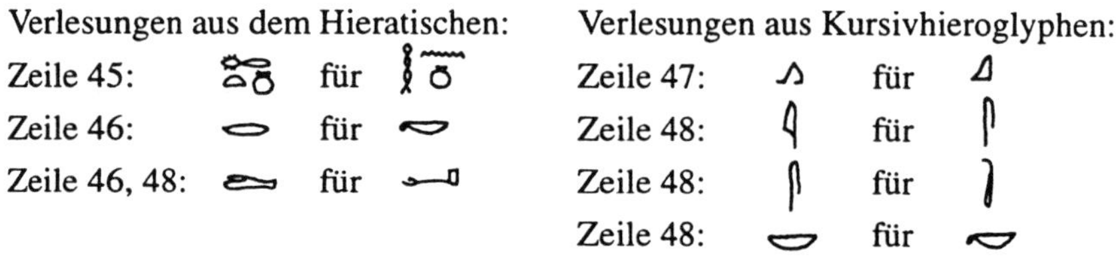

Abb. 13: Verlesungen in B 16 C.

Der wechselnde Gebrauch der Schriftarten auf Vorlagen kann generell folgendermaßen erklärt werden: In Bibliotheken und Archiven dürften zum einen Vorlagen in Kursivhieroglyphen, zum andern solche in hieratischer Schrift aufbewahrt worden sein. Berufsschreiber, die Zugang zu einer Bibliothek oder einem Archiv hatten und eine Abschrift von einer Vorlage mit Pyramidentexten anfertigten (beispielsweise, um diese Abschrift in einen anderen Ort zu transferieren), dürften diese Abschrift wohl in hieratischer Schrift erstellt haben.[6] Andererseits mußten aber Vorlagen für Grabwände für die ausführenden Handwerker in (Kursiv)Hieroglyphen angefertigt werden, da kaum angenommen werden kann, daß direkt vor Ort ein Handwerker (oder ein Vorzeichner) einen hieratisch geschriebenen Text in Hieroglyphen umsetzte. Die Umsetzung wird vielmehr zuvor in einem Scriptorium geschehen sein.

Ein Wechsel in der Schriftart ist mit Sicherheit in der Überlieferung von PT 302–312 festzustellen. Für diese Spruchfolge kann eine Vorlage nachgewiesen werden (in Abb. 3 mit γ bezeichnet), mit der die Texte in der Unaspyramide kollationiert wurden, und die auch indirekt als Vorlage der Textzeugen des Mittleren Reiches (u. a. S) und der Spätzeit diente.[7] Da diese Vorlage erwiesenermaßen zur Kollation der Texte in der Unaspyramide verwendet wurde, kann davon ausgegangen werden, daß sie in (Kursiv-)Hieroglyphen abgefaßt war. Die Mastaba des *Si̯-ni̯-Wśr.t-ʿnḫ* (S), die indirekt

4 Vgl. zum Verhältnis rekonstruierter und tatsächlich vorhanden gewesener Vorlagen Schenkel, *Stemma der Sonnenlitanei*, 28.

5 Abgesehen von eventuellen Randglossen.

6 Zeitgründe sprechen z. B. sehr dafür.

x Vorlagen in Kursivhieroglyphen

\+

x Vorlagen in hieratischer Schrift

⇩

x + 1 Vorlage in Kursivhieroglyphen

⇩

x + 1 Vorlage in hieratischer Schrift

⇩

B 16 C

Abb. 14: Erklärungsmodell für die in B 16 C beobachteten Verlesungen, die zum Teil auf das Hieratische, zum Teil auf Kursivhieroglyphen zurückgehen.

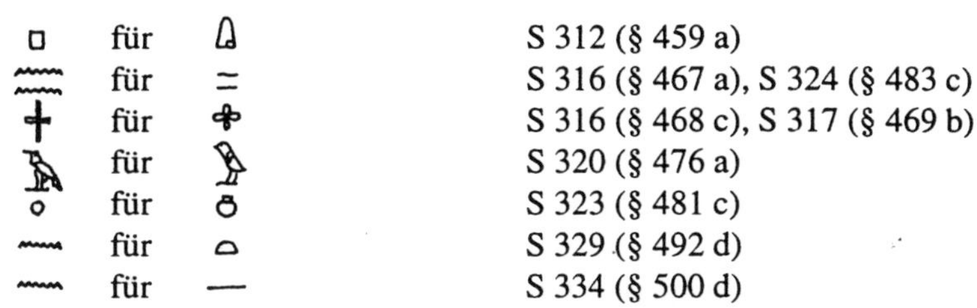

Abb. 15: Verlesungen aus dem Hieratischen in PT 302–312 bei S.

von diesem Kollationsexemplar abhängt (vgl. Abb. 3), weist in PT 302–312 aber auch Schreibfehler auf, die aus Verlesungen hieratischer Zeichen resultieren (Abb. 15). Daher muß im Falle der Mastaba des *Si̯-ni̯-Wśr.t-ʿnḫ* (S) für PT 302–312 auf mehrere Vorlagen geschlossen werden, deren Schriftart von Kopie zu Kopie wechseln konnte: Zum einen das Kollationsexemplar für die Unaspyramide in (Kursiv-)Hieroglyphen (im Stemma zu PT 302–312 mit γ bezeichnet), dann mindestens eine, eventuell auch mehrere hieratisch geschriebene Vorlagen, in denen sich die in Abb. 15 aufgeführten Fehler einstellten, und des weiteren wohl noch eine Handwerkervorlage in (Kursiv-)Hieroglyphen für die Anbringung der Texte auf der Grabwand (vgl. Abb. 16).

7 Kahl, *Überlieferungsgeschichtliches Verhältnis*.

Vorlage in Kursivhieroglyphen zur Kollation der Unaspyramide

⇩

x+1 hieratisch geschriebene Vorlagen, die zu den in Abb. 15 aufgeführten Verschreibungen führten

⇩

Vorlage in Kursivhieroglyphen zur Anbringung von PT 302–312 auf der Grabwand von S

⇩

S

Abb. 16: Der in PT 302–312 rekonstruierbare Wechsel in der Schriftart der Vorlagen von S.

Zusammenfassend ist festzustellen, daß die Vorlagen (Papyri oder Lederrollen) für die Textzeugen der Spruchfolge D und der Spruchfolge PT 302–312 jeweils in einer Schriftart abgefaßt waren: entweder in Kursivhieroglyphen oder in hieratischer Schrift. Im Verlauf der Textüberlieferung konnte die Schriftart bei der Erstellung einer Abschrift wechseln.

9.2 Angaben über den Anbringungsort

Angaben darüber, wo die Texte angebracht werden sollten, waren wohl selten in den Vorlagen aufgezeichnet. Die Textzeugen des Mittleren Reiches, die die Spruchfolge D überliefern und von gemeinsamen Stemmaverzweigungen abhängen, liefern keinen Hinweis auf das Vorhandensein derartiger Angaben: Die von θ abhängigen Särge, welche die Texte auf dem Boden (Sq 4 C), auf der Rückseite (B 6 C, B 10 C^{a}) oder auf dem Deckel (B 9 C, B 10 C^{b}) tragen, belegen bestens die Uneinheitlichkeit bezüglich des Anbringungsortes der Texte. Nicht anders verhält es sich mit den von o abhängigen Textzeugen, bei denen höchstens die Übereinstimmung der beiden Särge aus Asyut als beabsichtigt bewertet werden könnte: B 16 C überliefert die Texte auf dem Fußbrett, B 17 C auf dem Kopfteil, S 10 C und S 14 C auf dem Boden des Sarges.

In der überlieferungsgeschichtlichen Untersuchung von PT 302–312 konnte allerdings nachgewiesen werden, daß die Texte in der Unaspyramide mit einer Vorlage kollationiert wurden, die auch Angaben über den Anbringungsort der Texte enthalten haben muß.[8]

8 Kahl, *Überlieferungsgeschichtliches Verhältnis*, 204.

Und auch für die Spruchfolge D können für die königlichen Textzeugen der 6. Dyn. noch gewisse Regelmäßigkeiten bei der Anbringung der Sprüche, die im Alten Reich noch nicht zu einer kompletten Spruchfolge zusammengefaßt waren (vgl. 7. Vorlage β und Vorlage γ), festgestellt werden. Beispielsweise wurden PT 356, 357 und 593 stets an der Ostwand der Sargkammer angebracht (so belegt bei M (PT 593, 356, 357), N (PT 593, 357), P (PT 356, 357) und T (PT 356, 357)) – mit der Ausnahme, daß PT 356 bei N an der Westwand der Sargkammer angebracht ist.[9] Und PT 365 und 373 wurden bei M (PT 365, 373), N (PT 365, 373) und P (PT 365) an der Westwand der Sargkammer angebracht und nur bei T an der Westwand der Vorkammer (PT 365, 373).

Diese Beobachtungen bezüglich PT 302–312 und der Spruchfolge D erlauben die Hypothese, daß im Alten Reich der Anbringungsort der Texte ursprünglich in den Vorlagen vermerkt gewesen sein konnte, aber bereits zur Zeit der Königinnen der 6. Dyn. (s. Anm. 9) und des weiteren der Textzeugen des Mittleren Reiches, des Neuen Reiches und der Spätzeit diesbezügliche Angaben nicht mehr berücksichtigt worden waren (z. B. wegen eines geänderten religiösen Verständnisses oder auch einfach aus vom Textträger vorgegebenen Platzgründen) bzw. verloren gegangen waren. Der einzige sichere Beleg, daß Angaben über den Anbringungsort noch in der Zeit nach dem Alten Reich in Vorlagen enthalten waren, sind die für S verwendeten Vorlagen für PT 302–312 (und weiteren von S überlieferten Sprüchen).[10]

9 Bei Nt sind PT 356, 593, 357 an der Westwand der Sargkammer angebracht.

10 Vgl. Kahl, *Überlieferungsgeschichtliches Verhältnis*, 204.

Literatur- und Abkürzungsverzeichnis

Allen, *Funerary Texts*: James P. Allen, The Funerary Texts of King Wahkare Akhtoy on a Middle Kingdom Coffin, in: Janet H. Johnson – Edward F. Wente, Studies in Honour of George R. Hughes (SAOC 39. Chicago 1976) 1–29.

Allen, *Inflection of the Verb*: James P. Allen, The Inflection of the Verb in the Pyramid Texts (Bibliotheca Aegyptia 2. Malibu 1984).

Allen, *Occurrences*: Thomas George Allen, Occurrences of Pyramid Texts with Cross Indexes of these and other Egyptian Mortuary Texts (SAOC 27. Chicago 1950).

Allen, *Reading a Pyramid*: James P. Allen, Reading a Pyramid, in: Catherine Berger – Gisèle Clerc – Nicolas Grimal (Hrsg.), Hommages à Jean Leclant. Volume 1. Études pharaoniques (BdE 106/1. Le Caire 1994) 5–28.

Altenmüller, *Begräbnisritual*: Hartwig Altenmüller, Die Texte zum Begräbnisritual in den Pyramiden des Alten Reiches (ÄA 24. Wiesbaden 1972).

Altenmüller, *Pyramidentexte*: Hartwig Altenmüller, Pyramidentexte, in: Wolfgang Helck – Wolfhart Westendorf (Hrsg.), Lexikon der Ägyptologie. Band V (Wiesbaden 1984) Sp. 14–23.

Assmann, *Mortuary Liturgies*: Jan Assmann, Egyptian Mortuary Liturgies, in: Sarah Israelit-Groll (Hrsg.), Studies in Egyptology. Presented to Miriam Lichtheim. Volume I (Jerusalem 1990) 1–45.

Assmann, *Mutirdis*: Jan Assmann, Das Grab der Mutirdis. Grabung im Asasif 1963–1970. Band VI (AV 13. Mainz 1977).

Assmann, *Verklärung*: Jan Assmann, Verklärung, in: Wolfgang Helck – Wolfhart Westendorf (Hrsg.), Lexikon der Ägyptologie. Band VI (Wiesbaden 1986) Sp. 998–1006.

von Beckerath, *Dynastie der Herakleopoliten*: Jürgen von Beckerath, Die Dynastie der Herakleopoliten (9./10. Dynastie), in: ZÄS 93, 1966, 13–20.

Borchardt, *Statuen und Statuetten*: Ludwig Borchardt, Statuen und Statuetten von Königen und Privatleuten im Museum von Kairo. Nr. 1–1294. Teil 2 (CG. Berlin 1925).

Buchberger, *Transformation und Transformat*: Hannes Buchberger, Transformation und Transformat. Sargtextstudien I (ÄA 52, Wiesbaden 1993).

Burkard, *Bibliotheken*: Günter Burkard, Bibliotheken im alten Ägypten, in: Bibliothek. Forschung und Praxis, 4, 1980, Nr. 2, 79–115.

Daressy, *Tombeau de Psametik*: G. Daressy, Inscriptions du tombeau de Psametik à Saqqarah, in: Rec Trav 17, 1895, 17–25.

Davies, *Puyemrê*: Norman de Garis Davies, The Tomb of Puyemrê at Thebes. 2 Bde. (RPTMS 2–3. New York 1922–23).

Davies, *Tomb of Rekh-mi-reʿ*: Norman de Garis Davies, The Tomb of Rekh-mi-Rēʿ at Thebes. 2 Bde. (PMMA 11. New York 1943).

Davies – Gardiner, *Tomb of Amenemhet*: Nina de Garis Davies – Alan H. Gardiner, The Tomb of Amenemhēt (No. 82) (TTS 1. London 1915).

Dorman, *Tombs of Senenmut*: Peter F. Dorman, The Tombs of Senenmut. The Architecture and Decoration of Tombs 71 and 353 (PMMA 24. New York 1991).

Faulkner, *Pyramid Texts*: R. O. Faulkner, The Ancient Egyptian Pyramid Texts. Translated into English (Oxford 1969).

Firth – Gunn, *Teti Pyramid Cemeteries*: Cecil M. Firth – Battiscombe Gunn, Teti Pyramid Cemeteries. 2 Bde. (Excav. Saqq. Le Caire 1926).

Franke, *Personendaten*: Detlef Franke, Personendaten aus dem Mittleren Reich (20.–16. Jahrhundert v. Chr.): Dossiers 1–796 (ÄA 41. Wiesbaden 1984).

Gauthier, *Tombe d'époque saite*: Henri Gauthier, Une tombe d'époque saite à Héliopolis, in: ASAE 27, 1927, 1–18.

Gautier – Jéquier, *Fouilles de Licht*: J.-E. Gautier – G. Jéquier, Mémoire sur les fouilles de Licht (MIFAO 6. Le Caire 1902).

Gestermann, *»Neue« Texte*: Louise Gestermann, »Neue« Texte in spätzeitlichen Grabanlagen von Saqqara und Heliopolis, in: Martina Minas – Jürgen Zeidler, Aspekte spätägyptischer Kultur. Festschrift für Erich Winter zum 65. Geburtstag (Aeg Trev 7. Mainz 1994) 89–95.

Gestermann, *Spätzeitliche Bezeugungen*: Louise Gestermann, Zu den spätzeitlichen Bezeugungen der Sargtexte, in: SAK 19, 1992, 117–132.

Goedicke, *Probleme der Herakleopolitenzeit*: Hans Goedicke, Probleme der Herakleopolitenzeit, in: MDAIK 24, 1969, 136–143.

Gomaà, *Besiedlung Ägyptens II*: Farouk Gomaà, Die Besiedlung Ägyptens während des Mittleren Reiches: II. Unterägypten und die angrenzenden Gebiete (TAVO 66/2. Wiesbaden 1987).

Graefe, *Grab des Ibi*: Erhart Graefe, Das Grab des Ibi, Obervermögenverwalters der Gottesgemahlin des Amun (Thebanisches Grab Nr. 36) (Bruxelles 1990).

Grimal, *Le roi et la sorcière*: Nicolas Grimal, Le roi et la sorcière, in: Catherine Berger – Gisèle Clerc – Nicolas Grimal (Hrsg.), Hommages à Jean Leclant. Volume 4. Varia (BdE 106/4. Le Caire 1994) 97–108.

Hayes, *Se'n-Wosret-'Ankh*: William C. Hayes, The Texts in the Mastabeh of Se'n-Wosret-'Ankh at Lisht (PMMA 12. New York 1937).

Helck, *Geschichte*: Wolfgang Helck, Geschichte des Alten Ägypten (HdO 1. Abt., 1. Bd., 3. Abschnitt. Leiden/Köln [2]1981).

Jéquier, *Monument funéraire de Pepi II*: Gustave Jéquier, Le monument funéraire de Pepi II. 3 Bde. (Fouilles Saqq. Le Caire 1936–40).

Jéquier, *Pyramide d'Aba*: Gustave Jéquier, La pyramide d'Aba (Fouilles Saqq. Le Caire 1935).

Jéquier, *Pyramides des reines*: Gustave Jéquier, Les pyramides des reines Neit et Apouit (Fouilles Saqq. Le Caire 1933).

Jürgens, *Grundlinien einer Überlieferungsgeschichte*: Peter Jürgens, Grundlinien einer Überlieferungsgeschichte der altägyptischen Sargtexte: Stemmata und Archetypen der Spruchgruppen 30–32 + 33–37, 75(–83), 162+164, 225+226 und 343+345 (GOF IV, 31. Wiesbaden 1995).

Jürgens, *Möglichkeiten der Stemmakonstruktion*: Peter Jürgens, Möglichkeiten der Stemmakonstruktion bei Texten aus lebendiger Überlieferung (am Beispiel der Sargtexte), in: GM 132, 1993, 49–65.

Jürgens, *Untersuchungen zu den Sargtexten*: Peter Jürgens, Textkritische und überlieferungsgeschichtliche Untersuchungen zu den Sargtexten, in: GM 105, 1988, 27–39.

Kahl, *Textidentifizierung*: Jochem Kahl, S1S 380–418: Eine Textidentifizierung, in: GM 139, 1994, 41–42.

Kahl, *Textkritische Bemerkungen*: Jochem Kahl, Textkritische Bemerkungen zu den Diagonalsternuhren des Mittleren Reiches, in: SAK 20, 1993, 95–107.

Kahl, *Überlieferungsgeschichtliches Verhältnis*: Jochem Kahl, Das überlieferungsgeschichtliche Verhältnis von Unas und Sesostrisanch am Beispiel von PT 302–312, in: SAK 22, 1995, 195–209.

Kamal, *Deir Dronka et Assiout*: Ahmed Bey Kamal, Fouilles à Deir Dronka et à Assiout (1913–1914), in: ASAE 16, 1916, 65–114.

Kamal, *Deir-el-Barsheh*: Ahmed Bey Kamal, Fouilles à Deir-el-Barsheh, in: ASAE 2, 1901, 14–43.

Kaplony-Heckel, *Ägyptische Handschriften*, Teil 3: Ursula Kaplony-Heckel, Ägyptische Handschriften. Teil 3. Herausgegeben von Erich Lüddeckens (Stuttgart 1986).

Lacau, *Sarcophages*: Pierre Lacau, Sarcophages antérieurs au Nouvel Empire. N°s 28001– 28126. 2 Bde. (CG. Le Caire 1904–06).

Lacau, *Stèles du Nouvel Empire*: Pierre Lacau, Stèles du Nouvel Empire. Nos 34001–34186. 2 Bde. (CG. Le Caire 1909–26).

Lapp, *Bedeutung von Spruchfolgen*: Günther Lapp, Zur Bedeutung von Spruchfolgen für die Redaktionsgeschichte der Sargtexte, in: Sylvia Schoske (Hrsg.), Akten des vierten Internationalen Ägyptologen-Kongresses München 1985. Band 3 (SAK Beiheft 3. Hamburg 1989) 269–279.

Lapp, *Papyrusvorlagen*: Günther Lapp, Die Papyrusvorlagen der Sargtexte, in: SAK 16, 1989, 171–202.

Lapp, *Spruchkompositionen*: Günther Lapp, Die Spruchkompositionen der Sargtexte, in: SAK 17, 1990, 221–234.

Lapp, *Typologie*: Günther Lapp, Typologie der Särge und Sargkammern von der 6. bis 13. Dynastie (SAGA 7. Heidelberg 1993).

Legrain, *Textes recueillis*: Georges Legrain, Textes recueillis dans quelques collections particulières, in: Rec Trav 15, 1893, 1–20.

Lepsius, *Denkmaeler*: Karl Richard Lepsius, Denkmaeler aus Aegypten und Aethiopien nach den Zeichnungen der von S.M. dem König von Preussen ... in den Jahren 1842–1845 ausgeführten wissenschaftlichen Expedition. 12 Bde. (Leipzig 1849–59).

Lepsius, *Denkmäler, Text*: Karl Richard Lepsius, Denkmäler aus Aegypten und Aethiopien, Text. Herausgegeben von Eduard Naville. 5 Bde. (Leipzig 1897–1913).

Maas, *Textkritik*: Paul Maas, Textkritik (Leipzig ⁴1960).

Malek, *King Merykare and his Pyramid*: Jaromír Málek, King Merykare and his Pyramid, in: Catherine Berger – Gisèle Clerc – Nicolas Grimal (Hrsg.), Hommages à Jean Leclant. Volume 4. Varia (BdE 106/4. Le Caire 1994) 203–214.

Manuelian, *Living in the Past*: Peter Der Manuelian, Living in the past: studies in archaism of the Egyptian Twenty-sixth Dynasty (London 1994).

Maspero, *Chambre de Psammétique*: G. Maspero, Les inscriptions de la chambre de Psammétique, in: ASAE 1, 1900, 166–184.

Meyer, *Geschichte des Altertums*: Eduard Meyer, Geschichte des Altertums (Darmstadt ⁸1965).

Mink, *Umfassende Genealogie*: Gerd Mink, Eine umfassende Genealogie der neutestamentlichen Überlieferung, in: New Testament studies 39, Cambridge 1993, 481–499.

Möller, *Lesestücke*: Georg Möller, Hieratische Lesestücke für den akademischen Gebrauch. 3 Hefte (Leipzig 1909–10).

Möller, *Paläographie*: Georg Möller, Hieratische Paläographie. Die ägyptische Buchschrift in ihrer Entwicklung von der 5. Dyn. bis zur römischen Kaiserzeit. 3 Bde. u. Erg.bd. (Leipzig ²1927–36).

Möller, *Späthieratischer Papyrus*: Georg Möller, Ueber die in einem späthieratischen Papyrus des Berliner Museums erhaltenen Pyramidentexte (Berlin 1900).

Moret, *Sarcophages*: Alexandre Moret, Sarcophages de l'époque bubastite à l'époque saite. Nos 41001–41041. 2 Bde. (CG. Le Caire 1913).

Neureiter, *Interpretation des Archaismus*: Sabine Neureiter, Eine neue Interpretation des Archaismus, in: SAK 21, 1994, 219–254.

Petrie, *Illahun, Kahun and Gurob*: W. M. Flinders Petrie, Illahun, Kahun and Gurob. 1889–90 (London 1891).

Petrie, *Kahun*: William M. Flinders Petrie, Kahun, Gurob and Hawara (London 1890).

Porter – Moss, *Topographical Bibliography*: Bertha Porter – Rosalind L. B. Moss, Topographical Bibliography of Ancient Egyptian Hieroglyphic Texts, Reliefs and Paintings. 7 Bde. (Oxford 1927–52; ²1960 ff.).

Quack, *Lehren des Ani*: Joachim Friedrich Quack, Die Lehren des Ani: ein neuägyptischer Weisheitstext in seinem kulturellen Umfeld (OBO 141. Freiburg Schweiz 1994).

Quibell, *Excavations at Saqqara 1905–1906*: J. E. Quibell, Excavations at Saqqara (1905–1906) (Excav. Saqq. Le Caire 1907).

Quibell, *Excavations at Saqqara 1906–1907*: J. E. Quibell, Excavations at Saqqara (1906–1907) (Excav. Saqq. Le Caire 1908).

Quibell – Hayter, *Teti Pyramid*: J. E. Quibell – A. G. K. Hayter, Teti Pyramid, North Side (Excav. Saqq. Le Caire 1927).

Rößler-Köhler, *Kapitel 17 des Totenbuches*: Ursula Rößler-Köhler, Kapitel 17 des ägyptischen Totenbuches. Untersuchungen zur Textgeschichte und Funktion eines Textes der altägyptischen Totenliteratur (GOF IV, 10. Wiesbaden 1979).

Schäfer, *Priestergräber*: Heinrich Schäfer, Priestergräber und andere Grabfunde vom Ende des Alten Reiches bis zur griechischen Zeit vom Totentempel des Ne-User-Rê (WVDOG 8. Leipzig 1908).

Schenkel, *Herakleopolitanische Tradition*: Wolfgang Schenkel, Zur herakleopolitanischen Tradition der Pyramidentexte, in: GM 28, 1978, 35–44.

Schenkel, *Stemma der Sonnenlitanei*: Wolfgang Schenkel, Das Stemma der altägyptischen Sonnenlitanei. Grundlegung der Textgeschichte nach der Methode der Textkritik (GOF IV, 6. Wiesbaden 1978).

Schott, *Mythe und Geschichte*: Siegfried Schott, Mythe und Geschichte, in: Jahrbuch 1954 der Akademie der Wissenschaften und der Literatur zu Mainz (Mainz 1954) 243–266.

Sethe, *Aenigmatische Inschriften*: Kurt Sethe, Die aenigmatischen Inschriften, in: The Marquis of Northampton – Wilhelm Spiegelberg – Percy E. Newberry, Report on some Excavations in the Theban Necropolis during the Winter of 1898–9 (London 1908) 3*–12*.

Sethe, *Kommentar*: Kurt Sethe, Übersetzung und Kommentar zu den altägyptischen Pyramidentexten. 6 Bde. (Glückstadt 1935–62).

Sethe, *Pyramidentexte*: Kurt Sethe, Die altägyptischen Pyramidentexte. 4 Bde. (Leipzig 1908–22).

Sharpe, *Inscriptions*: Samuel Sharpe, Egyptian Inscriptions, from the British Museum and other Sources (London 1837; Nachdruck Wiesbaden 1981).

Sledzianowski, *Untersuchungen zu den Pyramidentexten*: Bernd Sledzianowski, Textkritische und überlieferungsgeschichtliche Untersuchungen zu den Pyramidentexten der Unaspyramide (Sprüche 226–243) (unpublizierte Magisterarbeit. Göttingen 1976).

Stadelmann, *Pyramiden*: Rainer Stadelmann, Die ägyptischen Pyramiden: vom Ziegelbau zum Weltwunder (Mainz ^{2}1991).

Thompson, *Origin of the Pyramid Texts*: Stephen E. Thompson, The Origin of the Pyramid Texts Found on Middle Kingdom Saqqâra Coffins, in: JEA 76, 1990, 17–25.

West, *Textual Criticism*: Martin L. West, Textual Criticism and Editorial Technique (Stuttgart 1973).

Willems, *Chests of Life*: Harco Willems, Chests of Life. A Study of the Typology and Conceptual Development of Middle Kingdom Standard Class Coffins (Leiden 1988).

Willems, *Nomarchs of the Hare Nome*: Harco O. Willems, The Nomarchs of the Hare Nome and Early Middle Kingdom History, in: JEOL 28, 1983–1984, 80–102.

Zeidler, *Pfortenbuchstudien*: Jürgen Zeidler, Pfortenbuchstudien. Teil I, Textkritik und Textgeschichte des Pfortenbuches. Teil II, Kritische Edition des Pfortenbuches. Dissertation Tübingen 1991 (im Druck).

Zeidler, *Textkritik und Textgeschichte des Pfortenbuches*: Jürgen Zeidler, Textkritik und Textgeschichte des Pfortenbuches, in: GM 105, 1988, 85–96.

Zivie-Coche, *Giza*: Christiane M. Zivie-Coche, Giza au premier millénaire. Autour du temple d'Isis, dame des Pyramides (Boston 1991).

Index der Textzeugen

Index der Zitate